FERNANDO CASTILLO

Explorador de bulevares

FERNANDO CASTILLO

Explorador
de bulevares

El Clavo Ardiendo
EDITORIAL RENACIMIENTO
SEVILLA

© Fernando Castillo Cáceres
© 2024. Editorial Renacimiento

www.editorialrenacimiento.com
POLÍGONO NAVE EXPO, 17 • 41907 VALENCINA DE LA CONCEPCIÓN (SEVILLA)
tel.: (+34) 955998232 • editorial@editorialrenacimiento.com

Diseño de cubierta: Equipo Renacimiento

DEPÓSITO LEGAL: SE 1331-2024 • ISBN: 978-84-10148-54-3
Impreso en España • Printed in Spain

Para Felipe y Santiago, que ahora empiezan
a vivir y no tardarán en soñar con ciudades.

«Las ciudades son sueños».

ERNST JÜNGER.
Diario de París 30-VII-1943

Explorador de bulevares

Este libro es el resultado de ver y recordar, pero sobre todo de imaginar algunas ciudades y algunos lugares en los que se busca, al mismo tiempo, lo que fueron a partir de lo que son y de lo que sugieren. Una impresión que parte de los restos del pasado, lejano y cercano, y de la realidad del presente, pero también de aquello que cuentan la historia, la literatura y el arte, la música y el cine de esas urbes.

Esta forma de acercarse a una ciudad no es tanto un proceso de reconstrucción cultural, como una sugestión desencadenada a partir de todo lo visto e imaginado. Algo que coincide con una inclinación que permanece escondida, a veces desde la infancia. Es una suerte de aplicación del método de Karl Schlögel, pues en el espacio, en la propia ciudad, se puede leer el tiempo y ver su historia. El resultado de este acercamiento son evocaciones, imágenes, estampas, fotografías o tarjetas postales, que aparecen no como un canto elegiaco a las ruinas de cualquier Itálica desaparecida, sino a lo que permanece vivo, aunque sea en uno mismo, de aquello que fue, o de lo que creemos que fue, en esas ciudades.

Marcel Proust señalaba en *A la sombra de las muchachas en flor,* que los viajes y los lugares son como personas a los que cada uno, a partir de su condición, les da un rostro, una imagen. Es decir, los recrea e imagina de acuerdo con un referente personal, dando a cada espacio lo que se puede considerar su verdadera realidad.

Un ejercicio que confirma, como dice Ernst Jünger, que las ciudades son sueños o, diríamos mejor, ensoñaciones.

Algo parecido sucede en estos textos reunidos a lo largo del tiempo, en los que a veces una época, un matiz del pasado aún vivo, o que se cree vivo, dan la fisonomía del lugar. Son más que un ejercicio de la memoria. Son el resultado de una forma de contemplar el espacio y de la recreación del pasado, ejercitando la imaginación histórica, y de emplear la simpatía, «repentina y precisa», que, según Georges Steiner, permite revivirlo. Es un medio como cualquier otro, que responde, como dice el mismo Steiner, a criterios casi sensoriales que llevan tanto al ensayo como a la narrativa e, incluso, a la poesía, como sugieren algunas obras de Enrique Díaz-Canedo, Antonio Otero Seco, Oliverio Girondo o Juan Manuel Bonet, unos poetas que me resultan especialmente cercanos en este asunto.

Una proximidad que se repite en relación con algunos títulos viajeros de Paul Morand, con el Jorge Luís Borges autor del *Atlas,* un poco con el Bruce Chatwin de la *Patagonia* y el Henry Miller de *El coloso de Marusi*, y que es más intensa con las obras de Claudio Magris y Predrag Matvejevic. Todo, sin olvidar a los cercanos Josep Pla, Gabriel Miró y Azorín, al Ortega y Gasset de *El Espectador*, al Federico García Lorca del conmovedor *Impresiones y paisajes*, al César González-Ruano de *Nuevo descubrimiento del Mediterráneo*, al Guillermo Díaz-Plaja de ese título magnífico que es *Cartas de navegar. Pequeña geografía lírica*, al Camilo J. Cela andarín, al Eugenio Nadal de *Ciudades en España*, a Joan Perucho, Álvaro Cunqueiro o Gaspar Gómez de la Serna y, a pesar de sus delirios políticos, a los Eugenio Montes, Agustín de Foxá y Ernesto Giménez Caballero viajeros y evocadores. Sin olvidar a Agustín Espinosa y *Lancelot 28º-7º,* esa combinación de surrealismo y geografía que inventa un espacio. Son todas unas formas de ver e imaginar las ciudades y los paisajes que me resultan cercanas y que, en parte, inspiran los capítulos de este libro, como hicieron con otros anteriores.

Hay lugares, sobre todo ciudades, sea tras conocerlos o al imaginarlos por medio de lecturas, que suscitan esa simpatía steineriana, esa proximidad inexplicable que, en ocasiones, sugiere una recuperación del pasado que consigue, de manera fragmentaria, como relámpagos sucesivos, que la ciudad nos devuelva eso que supimos de ella y que queremos que permanezca. Tras escribir *El Danubio*, Claudio Magris señaló que hacer hablar a la realidad es un género literario vivo y fecundo, que injerta perfectamente la cultura en la evocación fantástica, en la que, vista su obra, también encuentra su lugar la ensoñación histórica. Y es que todavía está vigente la máxima de Georges Steiner, al que de nuevo hay que citar, según la cual el humanista es un recordador, o también un rescatador, de manera que la memoria, que es una forma de creación, y la imaginación, estarían en el centro de este acercamiento a ciudades y parajes. En suma, un modo de mirar que coincide con el método del historiador Karl Schlögel, otro entregado al europeismo, que resume perfectamente en el título de uno de sus libros –*En el espacio leemos el tiempo*– y en su idea de que es posible leer las ciudades y rescatar el pasado, aunque en este caso no sea solo con los criterios del historiador.

En este *Explorador de bulevares* se encuentran ciudades que fueron, o que creemos que fueron, y que aún se pueden entrever gracias al rastro que han dejado y que las convierte en espacios arqueológicos. Pero sobre todo en sus páginas están las ciudades que surgen de la confluencia entre historia y literatura, ese espacio ideal donde se crea la leyenda e, incluso, la realidad de una ciudad. Son ciudades que nos hablan de lo que fueron, de eso que precisamente buscamos, y que a veces permanece vivo, aunque velado por lo actual, lo reciente. Es aquello –unos nombres diferentes, unos topónimos desaparecidos, el indicio de lo que hubo o de lo que fue, una atmosfera que se cree intuir...– que ofrecen las antiguas *Baedeker* de tapas rojas, letra minúscula y apretada y detallados mapas plegados, mostrando lo que han cambiado el paisaje y los hombres en un siglo, pero de los que aún flota algo. Lo mismo que permanece en las páginas de las obras de los muchos escritores viajeros, se diría que era una condición para serlo, que recorrieron, sobre todo en los años de entreguerras, los lugares que cruza el bulevar, algo sinuoso, que forma este libro.

En estas páginas aparecen desde Alejandría, Vilna o Lvov a Tánger y Nowa Huta, pasando por el París alemán, el complejo Berlín de entreguerras o el lejano Shanghái y el manchuriano Harbin. Hay también una pequeña suite brasileña, un recorrido, a medio camino entre la greguería y el aforismo ampliado, por Venecia, La Habana o la Viena de *El tercer hombre*. Pero también por un invernal campo albaceteño o, desde el recuerdo infantil, por el Madrid primaveral de principios de los sesenta. Un tono semejante al que inspira el capítulo «Nueva Geografía esencial», que es una continuación del apartado «Geografía esencial», la compilación de postales-telegrama que cerraba *Atlas personal*, un libro también editado por Renacimiento, que se encuentra en el origen de este volumen. Por último, siguen unos textos, en este caso más evocadores que viajeros, dedicados al Toledo imperial del Lazarillo, a Josep Pla y las masías ampurdanesas y a una mirada, casi un sobrevuelo, por Lanzarote.

Decía Claudio Magris a propósito de Predrag Matvejevic, que el auténtico Ulises contemporáneo debe ser un explorador de la ausencia, un experto en la lontananza del mito y en el exilio de la Naturaleza. Vistas tan complejas cualidades, y que según el siempre útil diccionario de la Real Academia, «explorador» es «aquel que reconoce, registra, inquiere o averigua con diligencia una cosa o un lugar», no sé si este título habrá sido una pretensión excesiva, de manera que quizás hubiera sido mejor inclinarse por el más modesto de «excursionista». Sin embargo, nada como el término de explorador para sugerir descubrimientos, a pesar de que este libro está reñido con cualquier revelación o muestra de exotismo aventurero y viajero, y para hablar de hallazgos, aunque sea de territorios archiconocidos y cercanos. Una exploración que es sobre todo una evocación que, como señala la cita que abre este libro, es también un sueño.

Quiero dar las gracias a Marie-Christine del Castillo-Valero, pues, como sucedió con *Atlas personal,* su apoyo y sus criterios editoriales han sido de nuevo determinantes para la publicación de este libro.

I

Harbin, aquel lugar

HARBIN, evocación fantástica en el helado y perdido noreste de China. Capital de Manchuria, esa región que resumía Corea y Japón, China, Mongolia y Rusia. Harbin ciudad entregada al ferrocarril Transmanchuriano que le acercaba a la lejana Europa y a la que Hugo Pratt llevó a Corto Maltés.

Ciudad múltiple formada por barrios de rusos blancos, chinos, manchúes, japoneses, coreanos y judíos. Sucesión de cúpulas bulbosas, de templos budistas y sinagogas, de hoteles y grandes almacenes *art déco* que daban el perfil exótico del París de China.

Ciudad de viajeros. Una Coblenza de Oriente, efímera capital del exilio de exóticos *émigrés* de la cercana Rusia como el siniestro barón Roman von Ungern-Stermberg, surgida en la prosperidad comercial de sus felices veinte: cabarets, lujo y espías. Nombres exóticos. Oriente y Rusia.

Harbin complejo. Días de cosmopolitismo, más tintinesco que morandiano, con personajes como Chiune Sugihara, un japonés casado con una rusa blanca, Klaudia. Un personaje al que le gustaba presentarse como Sergei cuando frecuentaba los ambientes eslavos del exilio blanco de Harbin, no sólo por su inclinación a la cultura rusa o a impulsos de su conversión a la Iglesia Ortodoxa, sino para reclutar agentes al servicio de Tokio.

Luego, la larga noche: el emperador Pu Yi y sus guardianes —el feroz Ejército de Kwantung—, los experimentos biológicos japoneses, que quizás resultan más siniestros en el helado y desolado Manchukuo. Después, los tanques soviéticos, las tropas del Kuomintang y, por fin, el Ejército Popular maoísta. Un resumen de lo que fue el siglo xx en estos lugares.

El paso del tiempo, de los guardias rojos y la modernidad destructora del oxímoron que es el capitalismo postmaoísta, acabaron con los grandes almacenes de moda europea y china, con los cines y cabarets con anuncios de neón y carteles en los alfabetos más diversos, y con los edificios *déco* y de estilo ecléctico y haussmaniano de la calle Mostowaya que traían a Asia los bulevares de París o San Petersburgo. Nada de eso se puede ver ya en la novelesca Harbin que fue.

París Feldgrau

La Ocupación. Los alemanes dueños de Francia. Tan sólo fueron cuatro años, sí, pero tan intensos que se diría fueron todo un siglo. Fin de aquel París de brillo incesante, a un tiempo proustiano y vanguardista, que contaron Maurice Sachs y Léon-Paul Fargue, que impedía ver la división de Francia, cuando el telón, en forma de bandera con la esvástica, cayó desde una Tour Eiffel más oscura que nunca.

París *noir*, de racionamiento y mercado negro, de frío y del último metro, de Servicio de Trabajo Obligatorio, de oficiales alemanes en las terrazas y en los cabarets, en el que la mayoría intentaba sobrevivir al frío, al hambre y a la falta de libertad.

Pero también el París de la Colaboración, de quienes querían un Nuevo Orden europeo orientado por Alemania. El París de Jacques Doriot y Marcel Déat, es decir, del PPF y el RNP, de los amigos del embajador Otto Abetz, que miraban al Vichy petainista, rancio y conservador, con desdén de modernidad fascista.

El París de esos que ahora se llaman «buenos alemanes», como Ernst Jünger y Gerhard Heller, que iban a los salones de Florence Gould o a los de Maxim's y La Tour d'Argent, que inspiraron a Vercors su novela. Pero también la ciudad de los SS que ocupaban los palacetes de la Avenue Foch; el París en el que Céline, obsesivo e independiente, Ramón Fernández, entre brumas de cognac y literatura, o Lucien Rebatet y Robert Brasillach, clamaban, desde las páginas de *Je suis partout* y *Le Pilori* o de sus libros, por la aniquilación de los judíos.

El París en el que Pierre Drieu La Roche-
lle, siempre dandi como el Gilles de su novela,
vagaba entre la redacción de la *NRF* y el des-
encanto existencial, donde Maurice Sachs se
hundía en la depravación, y el editor Denoël
publicaba panfletos a la moda que le costarían
después la vida.

Un París equivoco donde el sexo, que no
sabía de bandos, se llamaba «colaboración hori-
zontal», y en el que Roger Peyrefitte dijo que
fue feliz, como también Marcel Jouhandeau.
El París en el que muchos, como Jean Coc-
teau, Sartre o Picasso, encontraron acomodo,
pero también el París en el que Jean Paulhan,
Paul Eluard, Jean Guéhenno, Albert Camus o
François Mauriac, cada uno a su manera, resis-
tían desde mucho antes del desembarco de
Normandía.

En fin, un París en el que muchos se limi-
taban a sobrevivir o a morir, como Tita Hirs-
chowa, Dora Bruder o Helen Berr, y otros a

aprovechar la situación para hacer negocios millonarios, como Szkolnikov y Joanovici, los nuevos ricos de la Colaboración que no hacía ascos a las cloacas de la represión y el espionaje. Un París *oku* y canalla, de siniestras y modianescas bandas al servicio de los *bureaux,* como las de la rue Lauriston o de la rue de la Pompe, en el que el mercado negro y la política iban de la mano. Un mundo por el que desfilaban tipos como Georges Delfanne, alias Masuy, Rudy de Mérode, la pareja formada por Pierre Bonny y Henri Lafont, la inclasificable Violette Morris o el dandi Jean Luchaire y su hija Corinne, una de las que Cyril Eder llamó «Condesas de la Gestapo», y sin duda la más desdichada. Una lista de nombres teatrales, que pasaban de practicar la bañera por el día a las alegres veladas de champaña por la noche en cabarets de moda de los que la oferta era tan amplia como pueden serlo los gustos. Entre ellos estaba el conocido La Vie Parísienne, donde la musa surrealista

Suzy Solidor cantaba Lili Marleen en francés, o locales más equívocos como el One-two-two o L'Heure Mauve, donde podían escuchar algunas de las canciones de la banda sonora de esos años como *Je suis seule ce soir,* cantada por Léo Marjane, si tenían el día triste, o a Irène de Trébert si querían swing.

París ocupado, París *Feldgrau,* ciudad terrible donde lo oscuro y el brillo mundano de lo que se sabe es efímero, se sucedieron en unos cuatro años, largos y terribles. Un recuerdo que perdura, el pasado que no pasa, del que habla Henry Rousso.

Un Tánger que fue

TÁNGER, ciudad con nombre de hotel destartalado, acogedor de viajeros deseosos de anonimato, refugio de quienes escapaban de sí mismo y del mundo en el que vivían. Hogar —si puede decirse— de aquellos que llegaban en busca de la libertad y de los placeres que no encontraban en otros lugares.

Ciudad que nació internacional —fenicios y númidas, romanos y vándalos, bizantinos y árabes— y que se hizo múltiple, fue amparo de los que acudían dispuestos a entregarse a negocios y tráficos más o menos equívocos, alentados por un ambiente favorable a cualquier trato y acuerdo, siempre que hubiera dinero en cualquier moneda. Una hospitalidad que se hizo más compleja cuando, desde 1939, Europa ardía de un extremo a otro.

Después continuó como refugio de personajes dispares y encontrados, de tipos perdidos, casi siempre en busca de algo, que podían leer el diario *España* del orteguiano Fernando Vela o del ubicuo Juan Estelrich, sentados en el Café de París, en los afrontados cafés Fuentes y Central, aduanas del Zoco Chico, o en la terraza, casi un observatorio, del Café Colón, en la animada Calle de la Alcazaba, hoy devenida en Rue de la Casbah.

Fue el de Tánger un mundo único, lleno de sutilidades y variaciones, que pronto tuvo protagonismo literario por obra de una pléyade de escritores de las lenguas que se hablaban en la ciudad, de Paul Bowles a Mohamed Chukri, que culmina Andrés Vázquez con *La vida perra de Juanita Narboni,* la novela de esos años en los que se forja la leyenda tangerina.

Durante décadas de agonía coincidieron en las mismas calles los marroquíes, que siempre estuvieron ahí, y los tangerinos no musulmanes, que, al mismo tiempo, eran españoles, británicos, franceses, italianos, sefardíes, portugueses, gibraltareños, malteses. belgas… Todos ellos quedaron atrapados en el pasado, en el mundo que se iba convertido en ruinas, y del que el cosmopolitismo desaparecía. Una realidad de la que eran testigos, pero que negaban obstinadamente.

Aún quedan escenarios únicos como el Zoco Chico y el Boulevard Pasteur, alrededor del que todavía conviven, o casi, la arquitectura islámica y el racionalismo de Bujajach, los hoteles El Minzah y el Villa de France, la librería Les Colonnes y los neones de anuncios que parecen reliquias pues en realidad no ofrecen nada. Quedan también los cafés como el Haifa, Claridge o Mirador, que ya apenas conservan ese aire de decadencia que sólo se logra tras haber acogido a quienes llegaban de todas partes en busca de lo confesable e inconfesable.

Pero Tánger no defrauda ni siquiera al que se obstina en encontrar los restos de la Generación beat, de los brillantes refugiados de postguerra o de los chicos malos de los sesenta, en los cafés, bares y clubs del entorno del Boulevard Pasteur y del Zoco Chico o entre las palmeras de El Minzah y del Villa de France. Y es que ya se fue el mundo de Manouche y el Venezia, del mítico tugurio La Mar Chica y de Las Mil y una Noches, del Porte o del Dean's Bar y del Dancing Koutubia Palace, del que hasta hace poco permanecía el letrero de grandes letras grabado en el largo muro, como continúan atrayendo miradas los azulejos de la calle Esperanza Orellana, ahora Rue Annual, a la sombra de lo que queda del

Teatro Cervantes. Por no quedar, ya no quedan ni aquellos que conocieron a Mariquita Molina o a su hijo, Ángel Vázquez, aunque en Tánger siempre esté Juanita Narboni, su habitante más real.

Lvov, la ciudad de los seis nombres

Parece benigno el otoño en Lvov, una ciudad
en el extremo oriental de Galitzia que se obstina en ser centroeuropea, a pesar de las tra-
bas que le pone la historia. En cualquiera de
sus esquinas surge la comparación, pues la es-
plendorosa e imperial Lvov, ahora la ucraniana
Lviv, parece una combinación de París, Viena
y Budapest, o, lo que es lo mismo, del mundo Habsburgo anterior a los cañones de agos-
to de 1914, con algunos elementos soviéticos,
enfermos de abandono. Casi todas las calles
conservan los viejos adoquines, patinados por
la nieve y la lluvia, por los que han discurrido

la caballería austriaca y polaca, algunos Maybach de duros neumáticos de caucho macizo o el acero de los tanques alemanes y rusos, Un empedrado oscuro, casi basáltico, que da a la ciudad un carácter atemporal, de tiempo detenido, inseparable de la arquitectura y del mundo anterior al atentado de Sarajevo. Y es que en Lvov, lo que permanece es barroco, modernismo y secesión. Todo es Austria, aunque esté realizado por gente de todas las procedencias y religiones en una región de encuentros.

Dice mucho de la ciudad que el edificio dominante sea el Palacio de la Ópera, del que parte el céntrico bulevar Svobody, que concentra la vida de Lvov. Construido a principios del siglo xx, al igual que la mayoría de la urbe moderna, es una muestra de la voluntad leopolitana de rivalizar con París y Viena, los dos modelos de la época, y de proclamar su prosperidad y cultura. Su interior, apenas alterado en su siglo de vida, de nuevo revive los últimos días de los Habsburgo. Todo son grandes arañas y valses, resurgir de frufrús de encajes y sedas, recuerdos de tenientes Von Trotta, de bigotito tembloroso, pálidos de tanto Hennessy y champagne, que sirvieron de modelo al medio leopolitano Joseph Roth, que luego dejaron su lugar a los muchos más grises jerarcas del partido, algunos huéspedes del cercano Hotel Lviv.

Ciudad de teatros y cafés que acogían tertulias de toda condición, como el Stuzka, uno de los muchos que recuerda Jozéf Wittlin, el autor de *Mi Lvov*. Unos lugares que hoy, a pesar de estar tan desaparecidos como el mundo en el que nacieron, nos hablan de la vida cultural de una ciudad que, en 1913, pudo ver una exposición cubista y expresionista, organizada por la revista berlinesa *Der Sturm*. Y es que entonces Lvov estaba entre aquellas ciudades del mundo austro-germánico en las que fermentó la vanguardia, de Kosice a Lodz, pasando por la propia Cracovia. Una constelación de esas habitables urbes medianas de Europa Central y Oriental, que formaban un conjunto cultural complejo y activo, en el que se reunía lo germano, polaco, judío, eslavo, ucraniano, eslovaco y magiar. Todas, como Lvov, estaban volcadas a la recepción de lo moderno, y todas, a su vez, mantenían estrechos lazos con otras ciudades europeas, faros de arte y literatura, como París, Berlín, Milán y Moscú.

Como en muchas otras ciudades de Europa, el cielo de Lvov aparece surcado por los trazos rectilíneos que dibujan los cables de las farolas colgantes y de los tranvías que, desde principios de siglo, subrayan la ciudad. Su paso por calles de arquitectura monumental, de edificios de fachadas almohadilladas o decoradas con todos los motivos, y los raíles hendidos en el pavimento de adoquinado reticular, confirman que, en este nuevo siglo, permanece el paisaje urbano de la Mitteleuropa que aquí, con elegante decrepitud, crea la ilusión del tiempo detenido.

Y es que casi todo en Lvov habla del pasado, de la infancia propia o del recuerdo de una época, cuyos ecos aún llegamos a oír, y que en Galitzia nos parecen más cercanos. Un pasado retenido que acumula lo polaco, lo germano, lo judío y lo eslavo, y que parece se obstina en permanecer y en dejar testimonio de que alguna vez fueron y estuvieron en esta ciudad.

Es imposible pensar en Lvov sin recordar la historia de la que hablan sus varios nombres, pues esta ciudad ha sido muchas urbes sin dejar de ser ella nunca. Un privilegio que a veces le ha costado caro. Y es que ha pasado del histórico y latino Leópolis, al alemán Lemberg, al polaco Lwow sin dejar de ser el Lemberik yiddish, luego al ruso Lvov, para volver a ser Lemberg, otra vez Lvov y, por último, convertirse en el ucraniano Lviv. Todo ello, naturalmente, ha ido dejando su rastro por la ciudad, aunque a veces cueste encontrarlo. No sorprende que Lvov concentre historia, pues es tan medieval y barroco como modernista. Tiene iglesias y catedrales que expresan la importancia de sus comerciantes y de la nobleza local, quienes también dedicaron su dinero a levantar unas casas palaciegas que proclaman el éxito de sus propietarios, como las que rodean el Rynok, la plaza del Ayuntamiento, cuya arquitectura habla de las relaciones con la lejana Venecia y de la admiración hacia el Renacimiento y el Barroco de los ricos leopolitanos.

También la calle Staroyevejska —en la que se agrupaban algunas de las principales familias judías antes del horror de los pogromos de 1919 y del espanto, fotografiado y filmado, de 1941, en el que se rompió definitivamente lo que quedaba de ese mundo de ayer— conserva alguna tenue pista de la presencia de sus propietarios. En la entrada de las casas aún permanece el hueco donde se encontraban las mezuzas que proclamaban la religiosidad de sus dueños, y que ahora, en una mañana algo nublada, despiertan un interés que parece no gustar a algunos leopolitanos, casi todos de origen ucraniano. Ascender por la calle, estrecha e íntima, y ver las ranuras de los portales donde se encontraban los estuches con las notas piadosas de sus vecinos, conmueve tanto como ver al final de la calle Staroyevejska el solar de la sinagoga de la Rosa Dorada, dinamitada por los alemanes, jaleados por el antisemitismo local. Es temprano y el silencio es grande a la sombra del muro del arsenal. El día grisáceo de este otoño, que ahora en Lvov es casi invernal, oscurece el lugar donde se levantaba una de las sinagogas más antiguas de la ciudad, aumentando la desolación que produce el vacío. Cerca, unos novios se retratan en el día de su boda, alegres y ajenos a un entorno que trae recuerdos de tragedias cercanas.

Más imponente es el singular Hospital Judío, en la calle Rappopport, de ladrillo y aire neoriental, con una cúpula de bulbo, arcos lobulados y adornos de cerámica vidriada, que nos

evoca a las lejanas y tártaras Samarkanda y Buja-
ra. Construido a principios del siglo xx en com-
petencia con el *art nouveau*, conserva un friso de
estrellas de David que, como todo el edificio, ha
sobrevivido asombrosamente a la desaparición
de la población judía y a una ferocidad antise-
mita combinada de rusos, polacos, ucranianos y
alemanes. En sus jardines abandonados, se diría
que desde 1939 –un paraíso de gatos que se mue-
ven a sus anchas entre armazones oxidados de
parterres rosaledas–, se respira un abandono de
décadas que hace del edificio y su entorno uno
de los lugares más melancólicos de Lvov. En esta
mañana de sol esquivo, dos ancianas conversan
en uno de los caminos mientras vuelven del cercano y animado mercado al aire libre, instalado
en lo que fue el cementerio judío antes de la guerra. Como tantas veces, sea en París, en Berlín o
en Cracovia, siempre me pregunto qué habrán
visto esos ojos, ahora cansados, siendo todavía
niñas, y como sortearon esos días de horror.

Hay hoteles en Lvov cuyo huésped principal es la historia, como el Hotel George, sin duda el más clásico, que habría acogido a Balzac en su viaje a Rusia. Luego, el más modesto Hotel Viena y, sobre todo, el moderno Hotel Astoria, entre secesión y funcionalista, a unos pocos metros del Palacio de la Ópera, que se convirtió en Hotel Kiev durante los largos años del comunismo. Luego, la monumentalidad soviética y racionalista, de inevitable aire ministerial del Hotel Lviv, que con su gran neón vertical recuerda el lujo del socialismo real, el siempre precario confort soviético, lo que no deja de ser una contradicción. Visto desde la esquina de la calle Horodotska, todo en él nos evoca el mundo de los congresos del partido, de los viajes de las comisiones inspectoras del Gosplan y de la presencia de miembros de cualquier comité.

El paseo, en una mañana fría que amenaza lluvia, transcurre entre lo que se adivina fue el Lvov moderno, extramuros de la ciudad medieval y barroca; una zona en la que, antes de la Gran Guerra que casi acaba con Europa, se levantaban las arquitecturas que gustaban en la Viena imperial o en el cosmopolita París. Ello lleva a recordar a la calle Miodowa, esa que Józef Wittlin decía que le gustaría que fuese su calle leopolitana. Un pequeño tramo en el que permanece el Lvov anterior a 1914, el de su infancia, quizás sea por los cables de tranvías y la iluminación o por lo estrecho de la calle, que acerca unos edificios de monumentalidad y decoración sorprendentes, apogeo del modernismo y la secesión, hoy ruinosos.

Es Lvov una ciudad en la que no cuesta recordar que aquí nacieron el economista y teórico Ludwig von Mises, el poeta Marian Hemar, el escritor Stanislaw Lem, el dirigente comunista Karl Radek –quien tras hacer la revolución no sobrevivió a las purgas estalinistas para ver un Lvov soviético– o Adam Zagajewski, quien apenas estuvo en Lvov al ser pronto expulsado a Cracovia por los nuevos amos. Es la ciudad en la que estudió Joseph Roth y vivieron los escritores Józef Wittlin y Bruno Schultz, este nacido en la cercana Drogóbich y muerto durante la ocupación nazi. La misma ciudad que ahora, en la calle Panteleimona Kulisha, nos muestra sin pretenderlo lo que fue en esos años, de la misma manera que el Rynok nos habla del pasado renacentista, o las vecinas catedrales, armenia y latina, evocan esplendores medievales y rutenos.

Si Lvov nos recibió con una estación de autobuses, tan suburbial como de audaz y tardía factura soviética en forma de nave espacial, que ahora aparece decrépita y con su fachada medio oculta por un anuncio gigantesco, la despedida corresponde a la monumental estación central, el otro referente fin de siglo leopolitano junto con la Ópera. El edificio, de arquitectura modernista con una imponente fachada entre historicista y *art nouveau*, —entrevisto en una noche en la que se anunciaba el frío estepario–, aparece majestuoso en la plaza Dvirtseva. La que fue la estación ferroviaria más grande del Imperio Austriaco que acercaba la ciudad galitziana a modelos europeos, ahora sugiere la importancia que tenía en la red urbana de los Habsburgo, su condición de catedral moderna.

Entre la arquitectura de los andenes y el modelo de los vagones, más próximos a los ferrocarriles *belle époque* que a los diseños de la alta velocidad, todo evoca los años en los que fue construido el enorme edificio. En la noche, bajo los focos, brillan los tonos negros en los andenes. Grandes vagones oscuros, traviesas de madera negra, vigas de hierro patinado, balasto y raíles de refulgente negrura, parecen devolver la luz blanquecina bajo la enorme cubierta. Todo contribuye a dar a la estación un efecto muy cinematográfico, entre la Guerra Fría y los años de las dos ocupaciones, la soviética y alemana. Una atmosfera muy siglo XX.

Llega el Lwów Express que se anuncia con letreros de tipografía rojinegra que fue vanguardista, otro guiño de despedida que nos lleva a Cracovia. Atrás queda un Lvov nocturno, de calles con edificios señoriales y parques vacíos, casi fantasmales, entre la bruma que deja un día de lluvia persistente. Nadie pasea por la calle en una noche que, en este final de octubre es, ya más que otoñal, un adelanto del invierno.

Nowa Huta, la ciudad del acero

EN LA DECLINANTE tarde, todavía soleada, a un lado de la carretera ascienden blancas columnas de humo espeso, que expulsan largas chimeneas blanquirrojas. Anuncian la fábrica, una de las catedrales, símbolo de la era en la que se creía estar construyendo un mundo nuevo, del que Nowa Huta debía ser uno de los ejemplos. Este suburbio siderúrgico de Cracovia, alarde de faraonismo proletario, surgió en los años difíciles del estalinismo y la Guerra Fría como escaparate del bienestar obrero. Fue esta planta y el acero que producía el único motivo de agrupación de una población que, entre el miedo a la guerra nuclear, las tediosas reuniones doctrinales del partido y algo de deporte, sólo tenía tiempo para trabajar.

Nada hay tan diferente de las ciudades que han creado Europa, como la cercana Cracovia, que estas grandes avenidas de bloques idénticos que forman Nowa Huta. Un trazado y una arquitectura que se repiten en sucesivas cuadrículas cruzadas por amplias avenidas, salpicadas de grandes espacios ideados para concentraciones de masas. Son edificios de un enfoscado gris que acentúa su aspecto de hormigón, y les da un aire de bunker, lo que aporta un aire oscuro y militar a las calles que produce cierta inquietud.

Nowa Huta tiene mucho de decorado potemkiniano, mucho aire teatral, de que nada es lo que parece. En la que el sosiego no sugiere tranquilidad, sino inquietud soviética, primacía de lo colectivo. Una ciudad en la que todo estaba pensado para el militante, para el obrero, y nada para la individualidad, para la persona, para la libertad. Había alguna concesión a lo que fue la vida tradicional gracias a la presencia de uno de los elementos que, según George Steiner, definían a Europa como son los Cafés. Ni siquiera la proletaria Nowa Hutta pudo evitar la existencia de ese local, verdadera institución del continente, centro de reunión y discusión en libertad, pues en la nueva ciudad fabril existían unos cuantos Cafés que acogían los ocios de algunos dirigentes como el Stylowa, el Arkadia, el Mozaika y el Markiza, de los que sólo queda el bonito letrero de neón de este último.

En la grandiosa avenida de la Rosa, que vista desde la gran Plaza Central parece un Stalingrado reconstruido, el atardecer es melancólico, tan grisáceo como toda esta ciudad de uniformidad proletaria. Es la paradoja de un urbanismo nuevo, de una utopía que decía mirar al futuro y que, sin embargo, recuerda a ruinas pasadas. En Nowa Huta flotan recuerdos de desfiles de trabajadores, que empleaban su día de descanso en celebrar manifestaciones de adhesión inquebrantable, de exhibiciones de jóvenes gimnastas musculadas llevando aros, como las retratadas por Aleksander Ródchenko en Moscú, de desfiles de jóvenes pioneros y de milicias populares, dispuestos a resistir un ataque nuclear mil veces anunciado, pañuelo al cuello.

Los árboles y las praderas de los amplios espacios, por los que saltan algunos cuervos y urracas, humanizan la ciudad, pero aumentan la sensación de soledad que acompaña a un atardecer que, entre estos bloques grisáceos, produce algo de desolación.

Claroscuro berlinés

SE DIRÍA que, durante el siglo pasado, sobre Berlín flotaba un cielo sombrío, aun cuando luciera el sol en el Tiergarten y el lago Wannsee estuviera lleno de bañistas. Las calles de adoquines negros, siempre oscuras, incluso en las mañanas de verano, cuando la luz se desborda. Las casas, grises como las cortinas y las nubes, y negros los coches y los uniformes, como el humo de las chimeneas. Una penumbra imperceptible que se impone al colorido de la modernidad rampante de la Kurfürstendamm, donde estaban los personajes de George Grosz, como Anita Berber, y sonaba la falsa alegría del tango, popular y dulzón, *In einer kleinen Konditorei,* uno de los muchos himnos berlineses de estos años.

Así se ve el Berlín en el que Friedrich W. Murnau rueda *Nosferatu,* cuando se extendía por Alemania la atmosfera de *Berlin Alexanderplatz.* La época en la que desde el Romanische Café se podía ver desfilar a los Stahlhelms y a los futuros miembros del *Roter Front.* Eran las calles de la ciudad que Alfred Döblin llamaba «Babilonia la ramera», apenas abandonadas por los espartaquistas y los *Freikorps,* donde ya estaban los edificios de Mendelsohn, y en cuyas esquinas mendigaban los mutilados de guerra pintados por Otto Dix. Calles encarteladas como una galería de arte, en las que había aires de cabaret, de las orquestas de Dajos Béla y de Kurt Weill, de siniestros doctores Caligari y Mabuse, de las dos *Metrópolis* –la de Fritz Lang y la de George Grosz–, de las turbias películas de Pabst, de sinfonías urbanas filmadas por Walter Ruttmann, de geometrías Bauhaus, de delirios Dadá, de la *Neue Sachlichkeit* de Rudolf Schlichter o Jeanne Mammen, y de las fotografías de August Sander. Una ciudad en la que, según Ilya Ehrenburg, todo era colosal: los precios, las imprecaciones y la desesperación. Un paraíso de libertades y amores cuya reina fue Anita Berber, del que disfrutaban todos, desde Christopher Isherwood y W. H. Auden, los complicados hermanos Erika y Klaus Mann o las jóvenes y brillantes fotógrafas de Weimar, las chicas de la Leica, como Ilse Bing o Marianne Breslauer.

Berlín, la ciudad en la que los artistas recogieron como en ninguna otra parte el mundo del cabaret y de la vida nocturna, de la oscuridad del tango y del swing, sus tipos equívocos y ojerosos de todos los consumos, los fracs y vestidos largos tan ajados como ellos. Es el mundo que recoge *Abwege*, la película de Georg Wilhelm Pabst, en la que la cocaína, el sexo y el alcohol se deslizan, como sus monóculos, por la vida de sus personajes, en los que se adivina el travestismo, el equívoco, la ocultación y una vida de placeres que, en el Berlín weimariano, fue más libre que en cualquier otro lugar. Todo al sonido de *Eine Nacht in Monte-Carlo, Donna Clara, Shimmy Gigolette* o el pegadizo y alegre *Wenn Ich die Blonde Inge.* Este era el mundo que recogió Heinrich Mann y le puso rostro Marlene Dietrich.

Pronto llegó también el primer semáforo de Europa, parpadeando en la Potsdamer Platz, la riqueza del KaDeWe, la elegancia de la Friedrichstrasse y la ilusión de la estabilidad de la República de Weimar, a la que acechaban los mismos que en 1919. Una prosperidad, que recogió Walter Ruttmann en *Berlín: Sinfonía de una gran ciudad,* que debió mucho a Gustav Stresemann, que no tardaron en ahogar el crack del 29 y los que desfilaban contra el Tratado de Versalles.

Mientras, Berlín, todavía al ritmo de las orquestas, le sugería a Jean Giraudoux que la esencia de la ciudad estaba en la mezcla de droga, miseria, esclavitud y suprema libertad que la distinguía. Todo, sin saber que en ese año comenzaría su final.

Berlín, un Nueva York sin rascacielos en la Mitteleuropa, con Manhattan en la Ku'Damm y Times Square en la Potsdamer Platz, vio pasar los treinta con la indiferencia que proporciona la seguridad de que nada peor podía llegar. Nadie dejó de bailar, aunque los cabarets de actualidad y ambiente habían dejado su lugar a los Cafés más burgueses, las exposiciones dadá a los desfiles y *La ópera de cuatro cuartos* al pegadizo *Horst Wessel lied,* cantado por escuadras de jóvenes que recorrían las calles ajustándose el correaje. Rojas las banderas, los estandartes y pendones, las divisas, guiones y pabellones, todos con la esvástica negra, adornaban la ciudad, sustituyendo los carteles multicolores de los días del espartaquismo y la revolución. A Fritz Lang le había sucedido Leni Riefenstahl, y a Mendelhson y Gropius, la audacia severa y neoclásica de Albert Speer. Mientras, Joseph Goebbels soñaba con oficiar de Stefan George, en versión nacionalsocialista.

Quienes no cerraron los ojos, vieron como las sombras de Oranienburg y Sachsenhausen apagaban los neones azules, blancos y rojos del que fue Café Kempinski, en la Haus Potsdam, antes de ser Haus Vaterland. Era el Berlín arianizado, es decir, desvirtuado, pardo y *feldgrau,* que no tardaría en mirar con miedo al cielo y al Este, de donde llegaría el viento que trajo muerte, humo y escombros, la misma que habían llevado allí. Todo ello lo contaron Sebastian Haffner o Golo Mann.

Vilna, estación Terminus

Es septiembre un mes de sol y luz que, en 1939, fue para el olvido. Un mes que, entonces, quiso competir en crueldad con aquel abril al que se refería T. S. Elliot.

Fue en esos días, en la silenciosa y entonces polaca Wilno, una más de las ciudades de muchos nombres, allí, en el confín de esa Europa que va del Báltico al Dniéper, cuando ocurrió lo inesperado.

Los soviéticos de uniforme pardo y fusiles de bayonetas puntiagudas, que llegaron en tanques de acero oscuro, la convirtieron en Vilnius y la cedieron, como un regalo envenenado, a una mutilada Lituania que añoraba su capital histórica.

La ciudad palimpsesto, metáfora de esa Europa que fue plural, no fue entonces hospitalaria. Era, es, ciudad de extranjeros. Los polacos perseguidos, que huían del nuevo y oscuro voivodato ruso o del despiadado Gobierno General alemán, no encontraron en sus calles la acogida que esperaban. Vilnius estaba ensimismada, aislada en una burbuja en la que no se sabía dónde estaba el pasado y dónde el futuro. Una época extraña en la que, casi a la fuerza, volvió a ser lituana, que sólo duró de septiembre de 1939 al 15 de julio de 1940. Allí estuvo Czeslaw Milosz y lo que vio lo contó, aunque poco, en *Otra Europa*.

En esos meses, tan largos como de tensa espera de lo que se sabía inevitable, las calles empedradas que pisaron los caballos de Napoleón y el zar Alejandro I al entrar por la Puerta de la Aurora, vieron como llegaban desde

Varsovia, Lublin, Bialystok, Lvov, Cracovia o Lodz, aquellos que temían a los nuevos dueños y tenían mucho que perder bajo su autoridad. Eran, más o menos, los mismos que antes, procedentes de Alemania, Austria o de la desaparecida Checoslovaquia, recalaron en París y que, ahora, llegaban a otras ciudades de Europa como Lisboa, Madrid o Estocolmo, y también de otros continentes, tal que Tánger o Shanghái. Unos hombres y mujeres muy parecidos a los que habían dejado la España republicana en los primeros meses de ese año atroz de 1939, atravesando los Pirineos o el Mediterráneo.

En Vilna, como un lago oscuro al que llegasen dos ríos de miedo, coincidieron los refugiados polacos que escapaban del nazismo que venía del Oeste y del estalinismo que llegaba del Este. Entre ellos, como en aluvión, había personajes de toda condición que compartían la más desesperada de las esperanzas: la de la huida.

A esta Vilna, a la que entonces fotografiaba Jan Bulhak, convertida en un precoz destino para refugiados, llegó ese torrente del que decía Czeslaw Milosz estaba formado por «directores de escuelas rabínicas, oficiales sin ejército y diplomáticos en paro». Unos personajes que, junto con otros tipos menos recomendables, intentaron salir del bloque de hielo que se estaba derritiendo en que se había convertido la apenas nombrada capital de Lituania. Vilna se había transformado en «una Babel nerviosa, con tráfico de divisas y pasaportes».

Era una ciudad de rumores y miedos, de gentes que se movían alrededor de los hoteles Bristol, Astoria o Europa, y de los cafés y restaurantes de la plaza de la catedral y del bulevar que todavía se llamaba Pilsudki. Personajes que vivían en un ambiente de desesperanza y excesos, aguardando el fin de su mundo. Todos ellos, con los rusos vigilando la presa, miraban a Estocolmo como la tierra prometida que había dejado de ser Vilna. El avión que volaba a Suecia era el sueño de quienes estaban en una ciudad, en la que sus habitantes les miraban con la indiferencia que quiere ignorar el abismo.

Entre aquellos que se encontraban en Vilna en esos días había una pareja singular, un tal Felus y su mujer. Él era un joven judío polaco, rico, culto y dipsómano, amigo de Milosz, que se dedicó a olvidar lo que sucedía empleando los dólares y las joyas que había conseguido sacar de Polonia tras vender sus bienes. Gracias a las alhajas y divisas, esenciales en tiempos de huidas, Felus y su mujer fueron de los pocos que consiguieron huir de Vilna con un visado otorgado por el cónsul de Japón en la tan histórica como moderna y racionalista Kaunas.

Es este diplomático un personaje, al que Milosz no nombra pero que sabemos es Chiune Sugihara, cuyas funciones estaban más cerca del espionaje que de labores administrativas. Este japonés, casado con una rusa blanca, que gustaba presentarse como Sergei, fue un asiduo de los ambientes del exilio ruso blanco en la lejana Harbin, donde reclutaba agentes al servicio de Tokio. Sus contactos con los judíos en la ciudad de Manchuria le llevó a hacer un generoso uso de los visados desde su consulado de Kaunas, lo que permitió a muchos como Felus, atravesar la Unión Soviética y alcanzar Shanghái, donde los ocupantes japoneses no dejaban de asombrarse ante la repentina llegada de tantos polacos.

Pasó septiembre y luego el otoño. Y el invierno, como siempre, trajo frío y nieve a las calles del barrio judío, a las laderas de la colina de Gediminas, y a la plaza de la Catedral. Un invierno en el que también los niños jugaron con sus trineos por las calles de la todavía Vilnius. Luego, volvió la luz, siempre algo fría, de la primavera, y las casas de tres pisos y piedra blanca parecieron revivir. Muchos de los que habían llegado en septiembre parecían que volvían a la vida, a creerse vivos en la ciudad que estaba en los confines de su esperanza. Se olvidaron de los uniformes pardos y de las estrellas de cinco puntas, de los extraños vehículos grises de metal con banderas rojas que saltaban por las piedras de las calles, y se quisieron convencer de que ese santuario que era la que ahora se llamaba Vilnius iba a ser eterno.

Una época confusa la que vivió aquella Vilna, a la que la mayoría de sus habitantes se seguía refiriendo como Wilno, y a la que otros llamaban ya Vilnius, de la que apenas disfrutaron algunos. Unos meses en los que la ciudad fue un mundo complejo, que acabó al poco de empezar el espléndido verano de 1940.

Fue el 15 de julio, un día después de que los alemanes desfilaran, tostados y victoriosos, por los Campos Elíseos. Este día los rusos gritaron: «¡se acabó la comedia!», y la ficción de una Lituania independiente y de su capital, Vilnius, como refugio de desterrados, finalizó de repente.

Extraña ciudad esta Vilna, que en el siglo xx ha cambiado de manos incontables veces en una danza peligrosa y macabra, en la que los judíos y los polacos dejaron de ser parte de ella, y en la que muchos lituanos se entregaron a quienes llegaron del Este y del Oeste trayendo la muerte. No hay que olvidar que aquí nació un tal Jozif Grigulevich, brazo ejecutor de Stalin con Andreu Nin, ni tampoco la deportación a la lejana Siberia, luego convertida en costumbre, que trajo ese mes de julio.

No hay que olvidar que los caídos de la Legión Polaca yacen conservando la marcialidad en el cementerio de Antakalnis, en ondulados desniveles de cruces alineadas, y que la población judía de la llamada Jerusalén del norte, desapareció en el oscuro bosque de Panerai.

Tampoco hay que olvidar que la retirada soviética se hizo sembrando Vilna de los cadáveres de quienes estuvieron en la cárcel de Lukiškės, y que, después, muchos de los vivos se entregaron al Nuevo Orden hitleriano con idéntico fervor.

Entonces, todos los habitantes de Vilna, ahora convertidos en refugiados, ya no tuvieron a donde ir. La ciudad siempre extranjera de sí misma, ya era una definitiva estación final a la que nadie llegaba y de la que nadie salía. Una ratonera más, como tantas otras ciudades de esa Europa.

Alejandría entrevista

Es Alejandría una de esas ciudades que nació vieja y cosmopolita, y que, desde entonces,
no ha dejado de serlo a pesar de haber perdido
todo por el camino. Se diría que ha sido la más
universal de las urbes, junto con la innombra-
ble Babilonia. Una ciudad en la que la acumu-
lación de vida e historia la ha llevado al siglo
XXI envejecida, como una belleza venida a menos, sin conservar apenas restos de lo que fue.

Guarda, eso sí, la leyenda de haber sido
fundada por Alejandro, de esconder su tumba y su cuerpo, de albergar una mítica biblioteca que encerraba todos los saberes, varias

veces destruida probablemente por ello, y un faro que orientaba a galeras, birremes y trirremes. Pero también conserva el recuerdo de haber sido el escenario de esa combinación de tragedia shakespeariana y folletín que fueron los amores de la alejandrina Cleopatra con Julio César y Marco Antonio. Una ciudad caleidoscopio y de la memoria, punto de encuentro de Grecia, Roma y Bizancio con el Egipto milenario, y del Levante mediterráneo y el Islam. Un segundo Jerusalén que tuvo más judíos que el de Palestina, al ser destino privilegiado de las diásporas. Una urbe que reunía al Islam y a la Cristiandad por medio de venecianos y genoveses, donde se oía hablar de una remota isla llamada Ceilán o del reino del Preste Juan, en la lejana Etiopía.

Ciudad anfitriona de Oriente y de Occidente, fue un lugar libre donde se reunieron todas las creencias y filosofías como el neoplatonismo, inseparable de Alejandría y de Plotino, pero también todas las costumbres, como los diferentes sexos a los que alude Lawrence Durrell, y que trascienden el cuerpo, algo para lo que hay que estar preparado durante siglos. Ya en la Edad Media, Ibn Battuta supo ver cuál era su fortuna al decir que «Alejandría resplandece como una piedra preciosa. Reúne en sí todas las bellezas porque está entre Oriente y Occidente». Una precisión que resume la esencia de una ciudad que, de nuevo Durrell, tiene cinco razas, cinco lenguas y una docena de religiones que se entremezclan, como al acaso, en un horizonte de mezquitas, sinagogas e iglesias de todas las sectas cristianas.

Quizás tanta historia, a la que recientemente turcos y británicos han contribuido a incrementar, ha llevado a que durante el pasado siglo se reunieran en sus villas de estilo ecléctico –como Villa Ambron donde vivió Lawrence Durrell– personajes como el futurista italiano Filippo Tommaso Marinetti, el poeta franco libanes Georges Schehadé, el italiano Giuseppe

Ungaretti o sobre todo el griego Constantino Kavafis, sin olvidar a un grupo tan dispar como el formado por Rudolf Hess, Gamal Abdel Nasser, los cantantes, luego franceses, Georges Guétary y Georges Moustaki, o el historiador británico Eric Hobsbawn. Todos ellos, para confirmar ese carácter plural de lo alejandrino, decidieron nacer en la ciudad. Una urbe egipcia en la que, como revelan sus vidas, era posible tener un amante egipcio, una mujer judía, una limpiadora nubia, una criada croata, una cuidadora argentina, un portero libio y una madre italiana, al tiempo que frecuentar a griegos, libaneses, armenios, alemanes, sirios, judíos, albaneses, malteses, rusos, turcos, franceses o ingleses, como si nada.

Es Alejandría ciudad portuaria, pero también es urbe del Delta del Nilo, lo que le ha dado ese doble carácter marino y fluvial, griego y egipcio, que ahora se ha sintetizado en cosmopolita y tradicional. Una ciudad anfibia, en afortunado término de Maurice Barrès, en la que las aguas del mar y del cercano río, desbordado en forma de lagos, se aproximan entre palmeras y el recuerdo de esfinges que tienen mucho de escultura surrealista. Sin embargo, a las puertas de Alejandría está el desierto, otro mar, que inunda de polvo la ciudad y le da el color y el carácter que contrapesan las aguas. Y es que el desierto, que es decir también el sol, es tan esencial para la ciudad como el Mediterráneo que la crea. Tanto que la primera descripción de Alejandría que hace Lawrence Durrell en *Justine* alude al polvo y a las moscas, nada más propio del desierto como se sabe. No hay que olvidar que el relativamente cercano oasis de Siwa también tiene su leyenda, tan intensa que llega a la ciudad como un suburbio de su historia.

Puerto y puerta de Egipto, que es lo mismo que decir de Oriente y de África, entre lagunas y palmeras, el Faro es uno de los recuerdos fantasmales, reales o ficticios, al igual que el Soma, el cuerpo de Alejandro, y los monumento perdidos, como el Serapeum o la Biblioteca, que han hecho la Alejandría de siempre, al igual que los personajes literarios de la saga del Cuarteto de Durrell –los Balthazar, Justine, Nessim, Pombal...– o los del mundo de los poemas de Constantino Kavafis, han hecho lo propio con la ciudad contemporánea.

Ciudad de los saqueos y las conquistas, lo que sin duda imprime carácter e inclina a sus habitantes a la desidia, a la tolerancia y a un escepticismo algo cínico y amoral, pero que sobre todo lleva a la libertad. Son innumerables quienes, desde la conquista de Cesar, llegaron a ese puerto para quedarse. Fue una sucesión de usurpadores que soñaban con ser emperadores en Roma, de tribus locales que veían con envidia la riqueza de la urbe portuaria y agitada, de rigoristas cristianos dispuestos a suprimir a golpe de tea y cuchillo los vestigios de la cultura que había creado la ciudad, de generales bizantinos y sasánidas y, por fin, de otros entregados a la fe del Profeta, que se quedaron. Después llegaron efímeramente piratas andalusíes y cruzados de reinos levantinos, turcos otomanos, franceses y británicos, quienes en Abukir, casi junto a la ciudad, representaron una famosa naumaquia con fuego real, como una versión moderna de Actium. Una batalla que ganó Nelson y acabó con la extraordinaria expedición de un Napoleón que anunciaba el Romanticismo, quien, además de añadirse a la lista de ilustres conquistadores de Alejandría, sin saberlo fundó la egiptología. Por entonces, la ciudad de la Biblioteca mítica no era más que un recuerdo, un pueblo de pescadores mediterráneo con el encanto de las ruinas pétreas entre palmeras y arena, en las que, como en los grabados del siglo XIX, descansaba algún *fellah*. Todavía en el siglo pasado, los alemanes, que llevaron la guerra a África, tuvieron a Alejandría en el punto de mira, como si el peso de la historia mantuviera su atractivo. Todos ellos, en unos pocos siglos, casi atropellándose, acabaron con aquella Alejandría que había divinizado a su fundador y después al Cuerpo —así, con mayúsculas, al modo de Olivier Rolin— que, al igual que su tumba, había desaparecido. Y es que Alejandro, o mejor, la leyenda de su vida y de su muerte, es un personaje que ha conseguido permanecer entre la realidad y la ficción. Es decir, ser un mito.

Si Alejandría ha tenido un pasado agitado, tampoco ha descansado en el último siglo. Primero fue puerta de entrada de la conquista británica, luego retaguardia frente al imperio turco en la Gran Guerra. Y es que, si El Cairo tuvo a T. E. Lawrence mirando a Áqaba y al mundo beduino, en Alejandría estaba E. M. Forster, a la sombra del Cecil Hotel, atento a Gallipoli y a los jovencitos que paseaban, rodeados de la espuma de las olas, por la Corniche, que es como el Morro habanero en

Oriente. Una ciudad cuya arquitectura mediterránea y levantina tiene combinaciones insólitas, como la de las líneas árabes e italianas de arcos y logias con los lenguajes racionalistas, o como ese Palacio de Montaza que se diría trae desde Neuschwanstein las obsesiones de Luis II de Baviera, pasadas por criterios otomanos.

Durante el periodo de entreguerras ya apuntaba esa especial combinación de decadencia y riqueza, surgida a impulsos del puerto, el algodón y el cambio, que había dejado el imperio turco y que los británicos le habían dado en unas décadas ese tono occidental, imprescindible para acompañar un crepúsculo dorado y literario. Primero, uniformes y *scotch*, luego, el *five o'clock tea,* y para rematar el día, sedas y smoking en la cena. Eso sí, todo en una mesa en la que se sentaba lo mejor y lo peor de la ciudad, sin atender más que a las exigencias del servicio, al frescor de la brisa del mar y al olor de los jazmines, limoneros y naranjos que se imponían a las lociones cítricas de Geo F. Trumper. Siempre, sin olvidar las moscas y la entrega a los sexos, locales o foráneos, y a los consumos más o menos prohibidos, aunque todo con más discreción que en Tánger.

Y es que esa Alejandría de los años centrales del siglo pasado vivía en una decadencia que era la misma de aquellos que la habían ocasionado, y que ahora coincidían en ella. Una ciudad de extraño esplendor que ha ido desapareciendo y convirtiéndose en un sedimento más, a la que fueron a cantar Maurice Chevalier y Mistinguett, o donde actuó Sarah Bernhardt. De todo lo que se está borrando queda, como cita Olivier Rolin en *Siete ciudades*, algún resto pues ya ni las calles se llaman como entonces, aunque siempre quedará *El Cuarteto de Alejandría,* una de las *Baedeker* más literarias que haya tenido una ciudad. Son los nombres, siempre imprescindibles, los que evocan aquello que fue la urbe, y su curiosa diversidad revela tanto como los vestigios que se ocultan entre el lodo y el polvo: Cine Alhambra, Cine Rialto, Café Menfis, Gran Café del Comercio, Picadilly Hotel, Teatro Mehmet Alí, Restaurante l'Elite, y también la pensión Amir, en la calle Lepsius, donde vivió Kavafis, y los Billares Palace que frecuentaba con intenciones ajenas al juego. Después, las antiguas playas que resumen en sus nombres lo que era aquella Alejandría de barones franceses, lores ingleses, beys turcos, condes italianos, príncipes rumanos, egipcios o griegos, algunos de genealogía tan dudosa como de abundante *savoir-faire*, a los que sus acompañantes, de semejante condición, solían ofrecer una réplica esencial. Son las desaparecidas Chatby-les-Bains, Glymenopoulos, Stanley Beach, San Stefano,…Luego, el bulevar Ramleh, Tattwig Street, las calles Sherif o Safiya Zaghlul, los jardines de Nouzha, el barrio de Morrahan Bey y Chatby, la Casa Leví y los restos de villas de techos hundidos y columnas de pórfido, caídas en los jardines a la sombra de

78

limoneros y palmeras. En Alejandría todo parece derrumbarse, y todo se ha derrumbado para acoger otra ciudad que se alimenta de sus escombros antes de convertirse en otras ruinas, en un proceso que se repite desde hace siglos.

Más intensos para la ciudad fueron los años de la guerra mundial, cuando el Afrika Korps avanzaba hacia el canal Suez y judíos y británicos huían de la ciudad ante su llegada, sin saber que antes estaba el apeadero de El Alamein y el VIII Ejército. Entonces, al igual que sucedía en El Cairo que ha estudiado Artemis Cooper, Alejandría era un hervidero de agentes alemanes e italianos y de nacionalistas árabes de todas las tendencias, que conspiraban contra los británicos entre bombardeo y bombardeo. A ellos se añadían los refugiados procedentes de Europa, que desde los años treinta llegaban a una ciudad cercana y libre, como un Tánger de Oriente. En esa corte extraordinaria del rey Fuad, y luego del muy literario Faruk, siempre vigilados de cerca por agentes del Foreign Office, reinaban las dos princesas alejandrinas, Farida, mujer del rey Faruk, y sobre todo su hermana Fawzia, una fascinante combinación de albanesa, francesa y egipcia con aires de Heidi Lamarr, que llegó a ser emperatriz de Irán y a tener una vida de novela. Al lado de esta corte tutelada por el ocupante inglés, por la que rondaban tipos de mil nacionalidades, estaban los jóvenes oficiales nacionalistas del Wafd, entre los que se encontraban un tal Nasser y un tal Anwar El Sadat, quienes esperaban a los tanques de Rommel, que suponían les iban a liberar de los ingleses. Junto a ellos, y con semejantes aspiraciones, estaban los Camisas Verdes, las juventudes del grupo fascista Joven Egipto, y los Hermanos Musulmanes, herederos del rigorismo de los cristianos que acabaron con Hipatia, la Biblioteca y el Soma. Pero también había otros conocidos como Lawrence Durrell, con los poemas de Kavafis en una mano y la guía de Forster en la otra, tras casarse con la judía alejandrina Eva Cohen, Olivia Manning y su marido, y Noel Coward, asiduo del Royal Yatch Club, en funciones de agente del MI 5, al igual que Cecil Beaton, que alternaba la decadencia de Biarritz con las de Alejandría y Tánger, sin dejar la cámara de fotos y de enfocar a la princesa Fawzia.

Alejandría representa un mundo distinto del Egipto desértico, nilótico y arqueológico, de El Cairo que atraía a los turistas y a los aventureros, quienes siempre esquivaban Alejandría, reservada a la constelación de viajeros, exiliados, desplazados, fugitivos de sí mismo y buscadores de una paz que nunca encontraron. Alejandría recuerda tanto a Nápoles como a Tánger. El propio Durrell así se lo dice a su amigo Henry Miller en una carta en la que describe a la ciudad como «un pueblo napolitano, destartalado y derruido, con montículos de casas levantinas pelándose al sol». Pero aún más se parece a Tánger, su réplica más modesta al otro lado del mar, tanto que a pesar de que geográficamente no es mediterránea, sí lo es de espíritu. Cada una de las ciudades están en un extremo del continente, y ambas viven de lo que fueron, que en muchos aspectos permanece vivo, como una reliquia de las décadas más viajeras y agitadas del siglo XX. Si una tiene su novelista en Lawrence Durrell y su poeta en Constantino Kavafis, la otra los tiene en Paul Bowles, en Ángel Vázquez y en Mohamed Chukri. Es la misma libertad, la misma diversidad y casi los mismos personajes bajo el mismo sol, aunque las aguas tangerinas sean más frescas y agitadas.

Pero, junto a todo esto, hay también otra Alejandría, la de la infinita decepción para quienes, como Emil Ludwig, buscaban rastros de Alejandro y del Serapeum o experimentar la stendhaliana saturación de los monumentos. Hay un reverso alejandrino, una actitud esquiva que se detecta en el desdén de viajeros de mediterraneidad tan indiscutibles como Josep Pla, Paul Morand o César González-Ruano, quienes, incomprensiblemente, la evitaron. Quizás el peso de lo desaparecido y el temor a que el recuerdo de lo que fue no fuera suficiente, lleva a esquivar la ciudad en la certeza de que era evitar una decepción. La ensoñación y el recuerdo no se avienen con la condición de ciudad-sedimento que, como dice Durrell, tiene Alejandría. Ir a ella a buscar el pasado es un error, pues como urbe artificial, nacida de la voluntad de un semidiós, nada conserva pero todo lo atesora debajo de las palmeras y entre las aguas, en un lodo milenario y viscoso. Queda la columna de Pompeyo que dibujó Vivant Denont, por la que los soldados franceses volaban cometas, y, junto a ella, una esfinge, sencilla y rotunda, que tiene líneas cubistas.

En fin, Alejandría, que cumple con su condición de mediterránea, pues, como dice Predrag Matvejevic ese mar, es a la vez un enorme archivo y un sepulcro profundo. Una ciudad que vive en los últimos decenios entre la degradación de lo que fue y la transformación impulsada por la globalización uniformadora de hoy, que todo lo confunde y nada conserva como tal. Una etapa más de una ciudad que ve cómo los palacios y las villas, símbolos de su diversidad, que sirvieron de escenario para el Cuarteto, tienen el mismo destino que el Serapeum y el Faro, aunque todavía guarde sus testimonios para quien sepa encontrarlos. Mientras tanto, no se sabe desde donde –¿quizás Venecia?–, Alejandro contempla su ciudad.

Shanghái en blanco y negro

SHANGHÁI, otra más de las ciudades, como Harbin, que soportan, entre otras cargas, el título de París de Oriente, y que han tenido una existencia tan intensa como variada, que debe mucho a la literatura. Shanghái, literalmente «Ciudad sobre el mar», ha sido, y es, activísimo puerto, difusor comercial de esos productos tan chinos como son el opio y la seda, a los que siguieron el de armas e información, para acabar un siglo después en centro financiero, emblema de la globalización y de la China neocomunista.

Pero, sobre todo, Shanghái fue la referencia del Lejano Oriente en los años de entreguerras.

El lugar en el que, como en la mala literatura, coincidían las formas de vida más encontradas y donde convivían los fumaderos de opio, los prostíbulos o los barrios tradicionales chinos con los campos de golf y los distritos de arquitectura victoriana y *art-decó*. Era la combinación única del Bund, Customs House, de los bancos, siempre de grandes arquitecturas, y de los *clubs* occidentales, que añoraban los modelos del Pall Mall, con el mísero barrio de Hongkou y los exóticos mercados locales, con los traficantes de todo lo imaginable pero también con los obreros que crearon el partido comunista chino. Una mezcla de lámparas de petróleo y neones, de las iglesias de todas las cristiandades, con sinagogas, mezquitas y templos de cualquier budismo. Todo, y más, alrededor de un río de barro milenario que se niega a reflejar en sus aguas espesas la confusión de la vida en sus orillas.

Y es que, a un mismo tiempo, hubo muchos Shangháis –el chino, el británico, el francés, el japonés, el americano, el de los rusos blancos...– que en estos años de entreguerras, algo falsos por excesivamente literarios, acogieron a personajes de todo el mundo y daban a la ciudad un aire de *human cocktail,* peligroso y atractivo, que, según algunos de los escritores que la frecuentaron, resultaba venenoso. Quizás sea ese ambiente el que ha llevado a Michel B. Miller a insistir en su abrumador *Shanghái on the Metro* en que, sí para el misterio y el espionaje se piensa en Trieste o en Tánger, Marsella y Estambul, para el hampa hay que pensar en Shanghái. Incluso, parece que Lenin llamó a la ciudad «el Wall Street de la prostitución», aunque también fuera la sede de la sección de la Komintern para Oriente. Una ciudad selvática, dura y brutal, de extraña y compleja lucha por la vida, en la que según Christopher Isherwood estaba ausente todo espíritu cívico, pero en la que se podía comprar de todo.

Era el mundo en el que reinaba la folletinesca Banda Verde, los gánsteres chinos con siglos de historia, del siniestro Du Yuesheng, que controlaba tanto el tráfico de opio como al gobierno nacionalista del Kuomintang de Chiang Kai Chek, con cuyo destino fatal se ligó. Una actividad en la que se aunaban la política y el hampa, pues los pistoleros de la Banda Verde, como en tantos lugares, colaboraron con el terror blanco contra los comunistas chinos. Su intervención más conocida, gracias a André Malraux y *La condición humana*, fue en la masacre de 1927, que acabó con un baño de sangre de comunistas. No es de extrañar que la ciudad asiática, la quinta del mundo en los años treinta, una precoz ciudad global comunicada con todo el mundo por mar y tierra –el Shanghái Express la unía con Harbin y era el destino de todas las líneas de paquebotes europeas y americanas– atrajera a gentes de todos los continentes, incluidos escritores como Edgar Snow, el singular Jean Fontenoy, de vida novelesca, autor del buscado *Shanghai secret*, o la pareja Christopher Isherwood y W. H. Auden, quienes, tras la experiencia berlinesa, recalaron en la urbe en 1938, un año después de que los japoneses la ocuparan y señalaran el destino de la ciudad. Y es que la presencia japonesa fue la amenaza que al final se cumple, como recogió la hoy olvidada Vicki Baum en su novela *Shanghái 1937*, luego convertida en *Hotel Shanghái,* para intentar revivir el éxito del berlinés *Grand Hotel* (parece que hay una conexión Berlín-Shanghái en estos años), o el propio Isherwood en su *Journey to a War,* donde confirma como los verdaderos dueños de Shanghái eran los japoneses, quienes regulaban la vida de la urbe y la relación de las concesiones con el mundo chino a través del Garden Bridge.

Desde finales de los veinte, la condición de ciudad abierta e internacional de Shanghái se amplió a los negociantes, espías, traficantes y aventureros americanos, rusos, británicos, franceses, alemanes y centroeuropeos de todas las nacionalidades, sin olvidar los más cercanos malayos, hindúes, japoneses o australianos. Un grupo que remite al mundo tintinesco de *El loto azul*, por el que se cruzan personajes como Chicklet, Mitsuirato o Dawson, más representativos de esa combinación de hampa y espionaje de lo que podría pensarse. Y es que el mundo de los agentes secretos, al servicio de países tan próximos como lejanos, encontraba en Shanghái a quienes podían formar parte de ese universo, equidistante de todos los intereses. Los rusos blancos, ellos especializados en guardaespaldas y ellas en cuestiones más mundanas que inspiraron cierta literatura, fueron los más entregados a esta actividad, aunque hubiera personajes de todas las nacionalidades. Michel B. Miller nos proporciona algunos nombres, y lo hace con generosidad: los C. I. Znamenski, Nikolai V. Dolzhikov o A. L. Rubanovich.

No es de extrañar que viviera en Shanghái el alemán Richard Sorge, el espía soviético más audaz, que avisó a Stalin, inútilmente, del ataque de Alemania a la Unión Soviética antes de que se produjera. Un personaje propio de la época y de la ciudad, en la que conoció a Úrsula Kuczynski, alemana como él y también agente comunista, de compleja e intensa vida que ella misma ha contado, y que fue algo más que su contacto. Aquí, en la ciudad del rio de barro oscuro, al sonido de las *singsong girls*, de las nubes de opio y ginebra, se formó, bajo la dirección del mundano y equívoco Sorge, una red de espionaje exótica y eficaz como pocas, de la que formaban parte un alemán, una periodista americana y uno japonés. Todos se encontraban en lugares como el restaurante La Tour, en la azotea del Hotel Cathay, que regentaba el alemán Freddy Kaufmann, donde los agentes del Kuomintang tirotearon a un empresario chino que colaboraba con los japoneses, sin que su guardaespaldas, naturalmente ruso blanco, pudiera impedirlo.

A estos habitantes, más o menos provisionales, de las concesiones internacionales, pronto ocupadas por los japoneses, se añadieron los habitantes de una lejana y convulsa Europa, como el poeta francés, metido a armador, Louis Brauquier, quien miraba desde los cristales del Shanghái Club cómo nevaba sobre una ciudad tan desolada como él mismo. Pero también llegaron los judíos, desesperados entre desesperados, que desde la búlgara Varna o de Trieste, en este caso en paquebotes como el *Conte Verde*, huían lejos de pogromos y de campos de concentración a un paraíso imposible. Un mundo que recoge Ángel Wagenstein en su *Adiós, Shanghái*, que durará hasta 1949, un año después de que Orson Welles rodase *La dama de Shanghái*, cuando las tropas comunistas ocuparon la ciudad y acabaron con la decadencia capitalista. Desde entonces, la Guerra Fría y sobre todo el maoísmo y su versión más radical durante la Revolución Cultural, acabaron con la leyenda de una urbe que hoy ha pasado de abierta e internacional, a símbolo de una globalidad capitalista que la ha transformado para siempre.

Quedan algunos testimonios en la literatura de Eileen Chang, algunas de cuyas primeras obras, como *Un amor que destruye ciudades*, recogen ese mundo único que revoloteaba alrededor de aquel Shanghái, en el que vivió durante la ocupación japonesa con un marido colaboracionista, y que contempló cómo se iba deshaciendo. Escritora notable y mujer atractiva y fascinante —su fotografía de juventud, en blanco y negro, es la imagen de la China moderna y del mismo Shanghái de entonces—, su vida, que recuerda a la de Irene Némirovsky, es paralela a la historia de la ciudad del rio Huangpu.

Fue la opulencia al borde de la oscuridad. Aquel Shanghái, como aquellos años, ya fueron.

2

Postales de Estambul

AÚN ORAN PAMUK no había aparecido en la literatura y todavía Ara Güller recorría la ciudad con su cámara, haciendo de Doisneau. Entonces había militares por las calles y algunos tanques en el aeropuerto, aunque Estambul, la encrucijada de más de dos continentes, permanecía viendo pasar la historia.

Aún era posible soñar con la ciudad de la Sublime Puerta, la que fue el caravasar de dos mundos, gracias a los olores especiados del Gran Bazar y a las mezquitas que hicieron Sinan y Solimán. Y se podía evocar la ciudad de Constantino, que ya había dejado de ser Bizancio, en la mole de Santa Sofía. Muros y cúpulas que hablaban del esplendor de Justiniano y Teodora —purpura y oro—, y de los triunfos de Belisario y Narsés, de saqueos y cruzados, de viajeros varegos y ávaros, de gentes del Rus de Kiev, de normandos, búlgaros y serbios, de kázaros, de sármatas y embajadores de Tamerlán, de venecianos, genoveses y catalanes.

Constantinopla, convertida en una Roma griega gracias a Santa Sofía, donde parece flotar el incienso que sahumó el último basileus bizantino antes de la llegada de los jenízaros. Vinieron desde la agreste Anatolia, atraídos por el resplandor del oro, los esmaltes, la purpura y las sedas, cuando los sultanes, envidiaban a la ciudad y a los porfirogenetas. Casi al mismo tiempo, desde el otro extremo del mar, llegaron los judíos de Castilla y Aragón, para convertirse en sefarditas. Unos españoles que todavía siguen acogidos a la hospitalidad de la Constantinopla eterna, que ya se empezaba a llamar Estambul.

Un instante. Mientras se evocaba el recuerdo de Constantino, las sombras puntiagudas de los obeliscos cruzaban la explanada del Hipódromo, señalando una cabina telefónica desvencijada donde hablaba una mujer. La tarde, de luz tamizada, parecía detenida.

En las esquinas, entre el olor a café espeso y mar embalsado, había cuchitriles oscuros que hacían de oficinas, con bonitos letreros de camellos y desiertos pintados sobre la puerta. Billetes para los autobuses que llevaban a Mosul o Bagdad. Modernas caravanas a Oriente, que tomaban jóvenes ingleses disfrazados de viajeros en busca de su *grand tour.*

Estambul bullicioso de multitudes que cruzan puentes y plazas, recorren avenidas y calles y se agrupan para comprar bocadillos de caballa recién pescada, que entregan envueltos en papel de periódico —caballa ilustrada— desde botes que se balancean en las aguas del Bósforo, que agitan la luz del farol de petróleo y el aceite de la lumbre. Clientes que llenan comedores populares y esperan para tomar té y balklavas en Hozi Bozan. Estambul vigilado por la atenta mirada de policías y militares, sobrevolado por cormoranes y gaviotas que son parte del paisaje y lo que queda vivo de lo que fue Bizancio.

Todavía sobrevivían las pequeñas iglesias bizantinas, olvidadas en algún solar de escombros, perros y niños jugando, y se podía pasear entre las casas de madera del Estambul de los sultanes que soñaban con ser Solimán, mientras el imperio se deshacía a la sombra del teatral palacio de Dolmabahçe.

Ahí estaban, casi escondidas, las ruinas de las murallas teodosianas que sepultaron a los Paleólogos, aún porfirogenetas, junto con los genoveses de su guardia. El Serrallo, silencioso y solitario, esconde fantasías de Mozart, la Kekra Porta de traiciones y heroísmos, cubierta de maleza, y los alrededores del Topkapi, abandonados a los gatos. A poco que se mirase, a la caída de la tarde se podía ver en el Cuerno de Oro una formación de galeras venecianas procedentes de Trebisonda, que llevaban al Dux finas sedas de colores desconocidos y cofres de dorados scyphates convexos, con improntas de los basileus y el pantocrátor. La cadena que protegía Constantinopla reposa en el fondo, donde la esperaban los barcos con los que quiso cruzar Jerjes, hundidos mil años antes por una tempestad que defendió Europa.

Aire yodado al cruzar el Bósforo de aguas inquietas, y emoción al pisar el otro continente. Allí, espera la que fue ciudad genovesa al abrigo de la Torre Gálata, con un restaurante en su remate que parece vigilar la otra orilla.

Avenida Istiklal en Pera, cuando el Estambul más cosmopolita quiso ser París para unirse a la orquesta de Dajos Bela, que tocaba la alegre *Constantinopla 1928* con aire de *foxtrot*. Un escenario de eclecticismo imperio, con pasajes como el Cicek, el Atlas, el Beyoglu o el Suriye, de los que no sé si supo alguna vez Walter Benjamin.

Al regreso —inevitable el recuerdo de los infantiles versos románticos: «Asia a un lado, al otro Europa, / y allá a su frente Estambul»—, el Bosforo es el paisaje de la historia. El horizonte eterno que hay que guardar para el recuerdo.

Minaretes de Constantinopla, perfil de cartel *déco* y estación Terminus del Orient Express a la que llegó Pierre Loti. Lugar de encuentro de espías balcánicos y rusos, de traficantes griegos, libaneses, sirios y armenios, salidos de *La máscara de Dimitrios*. Refugio de aquellos rusos blancos que no querían renunciar al exotismo del Cáucaso, como ese judío que gustaba llamarse Essad Bey. La última novela de misterio la protagonizó el espía Cicerón. Por entonces, el moderno y germanófilo Mustafa Kemal ya se había llevado a emperadores, basileus y sultanes a Ankara.

La ciudad de Harry Lime

EN LA PÁLIDA mañana, el viento helado de posguerra vienesa movía levemente las hojas caídas, mientras Alida Valli pasaba haciendo de Anna.

Bajo castaños esqueléticos, recorría —sombrero, gabardina y guantes— el solitario paseo del Zentralfriedhof, ajena al Prater recuperado, a las ruinas, a la escasez, a la ópera y al drama de Europa que se representaba junto al Danubio. Entonces el vals se tocaba con miedo y hambre, aunque en el Palacio de la Opera se cantaba *Così fan tutte* como si no pasara nada, y en los cafés del mercado negro sonaba la cítara de Anton Karas, mientras se cerraban negocios lucrativos.

Ciudad que fue a un mismo tiempo imperio y *Secessión*, para luego dejar de serlo todo. Que cambió el vals por la modernidad de Arnold Schönberg y, luego, por el retumbar en los adoquines del inquietante y pardo *Horst Wessel Lied*. La ciudad que también fue Viena la roja, la del racionalismo proletario del Karl Marx- Hof, la que describió Joseph Roth antes de dejarla para siempre, como su amigo Stefan Zweig, como Sigmund Freud, Billy Wilder y tantos otros.

Al fondo del paseo, la puerta de rejas imperiales mostraba la semejanza entre los palacios y los cementerios de Europa, como si guardasen la misma cosa. Allí esperaba Holly Martins, ajeno a los restos de un mundo que se había hundido y cuyas ruinas formaban parte del paisaje del continente.

Anna se acercaba envuelta en la luz distante y desvaída de un sol transparente. Al pasar, no le miró. Luego, ya se sabe: él encendió un *camel* y recogió su pequeña maleta. La vida en blanco y negro de la Viena que retrató Ernst Haas cuando giraba la noria del Prater y se rodaba una película. Mientras, a las afueras, caía un Telón de Acero.

Son habanero

A QUIEN llega a La Habana en barco le recibe el Morro. La fortaleza salida de un trigal castellano recreada en el Caribe, que otea galeones entre palmeras y olas.

Plaza de Armas, Capitanía. Recuerdos de rayadillo, mambises, guajira y Noventa y Ocho. Catedral de juguete y calles de brisa y mar.

La Habana, pastel de crema modernista sobre hojaldre colonial. Para García Lorca, alegre y ruidosa: aperitivo en el Club Náutico y paseo por el Malecón de marineros morenos. Ahora, un *art-déco* en ruinas donde ya no suenan Gershwin ni Lecuona.

La Habana moderna de Pogolotti, Peláez y Lam. Vanguardia caribeña, colorida y vegetal, en el perfil de un cine racionalista y geométrico, en el surrealismo mulato de una santera y un pez. En Lezama, Marinello y Loynaz.

La Habana cubana que anuncia la manigua y el manglar: chirimoya, maní, papaya, flamboyanes, guayaba y ron. Luz y color.

Marquesinas y neones de modernidad en avenidas del Vedado y Miramar. Cruzan por el Morro Chevrolets y Packards con tres Gildas de ocasión. Daiquiri, Arecha y Bacardi *déco*. Orquestas del Floridita, Tropicana y el Nacional. Colores, Compay y Valdés.

Luego, el Habana Libre, Fidel y carteles del Che. Revolución al ritmo de guajira y son. En paredes descoloridas campea «Patria o muerte», a lo que aún responden «Venceremos».

Es La Habana de Alicia Alonso y Carpentier, de plata toda, y siempre *Post Meridian*, de la que se fueron Saba, Jesse, Arenas y Sarduy.

La Habana, pavana para su mejor cantor, el que contaba tigres, ahora, sí, difunto de tristes tristezas, lejos del cine, de los cigarros y del son.

Fugacidad de Río

PANORAMA aéreo: la noche de Río de Janeiro aparece moteada con luces inquietas. Ciudad evanescente. Fugaz paso por Ipanema, solitaria y residencial, con ecos eternos de Astrud Gilberto y el son de bossa nova, el jazz de Río. A lo lejos, queda Leblon.

Al amanecer, la luz de Copacabana, la arena blanca y menuda de Leme al comienzo de la playa. Mientras, el inmenso Atlántico de grandes olas azulea arañado por largas líneas de espuma. Como un King David carioca, en el centro del paseo se alza la mole del Copacabana Palace, centro del que fue Río de Janeiro cosmopolita. Cuando la gente se creía aquello de Stefan Zweig, de «Brasil, país do futuro».

Todo es luz y color. Naturaleza que está dentro de una ciudad, separada por altos montes verdes como los dedos de un guante, que decía Claude Levy-Strauss. Por aquí y allá, resaltes rocosos, casi verticales, palmeras esbeltas, alzadas como chimeneas tropicales, sobresaliendo del verdor y del caserío.

Salida del viejo túnel de Leme: deslumbra la luz al pasar por la iglesia de Santa Teresinha –*art déco* tropical, pastel rosa al pie del risco–, que anuncia Botafogo y sus islotes. Allí, dominando todo, el verde Pão de Açúcar, faro de la bahía de Guanabara, Torre Eiffel de Río, imagen del Brasil más universal. Monte geométrico con aire de vanguardia, que hechiza y que parece fuera hecho para ser pintado por Tarsila do Amaral o Cícero Dias, los artistas de la ciudad.

Desde la playa de Botafogo se ve el caserío discreto de Urca, escondido en la falda del Pão, como si no quisiera atraer las miradas. Al fondo, la bahía que parece esperar la flota del rey Joao VI o que cruce un paquebote de chimeneas humeantes, trayendo a viajeros ilustres del Viejo Mundo.

Calles de Botafogo, de casas ajardinadas, discretas y elegantes, con aire fin de siglo, entre europeo y colonial. Mercadillos en calles tranquilas y arboladas. Sol y calor. Luz y color de las frutas y verduras en los puestos de la calle. Agua de coco a la sombra de las palmeras.

Cerca, la animada plaza de Nelson Mandela, zoco carioca de diversidad brasileña. Junto a ella varios sebos donde se pueden comprar a precios de saldo una edición de *Pau Brasil*, ilustrada por Tarsila do Amaral, publicada en vida de Oswald de Andrade y de la maravillosa pintora.

Arriba, en lo alto, la favela de Santa Marta. Otro mundo: una acrópolis popular que corona de miseria a la ciudad. A algunos turistas les gusta ir, aunque no sé sabe a qué.

Enfrente, aún más arriba, el Corcovado. Un delirio faraónico esculpido en *art-déco* que se cierne sobre la ciudad.

Flamengo, Lapa, Gloria… Estaciones del camino que lleva al Río antiguo y portuario. Rúas pequeñas y estrechas, de casas bajas como la Travessa do Tinoco, con ese café de una sola mesa donde un negro bosteza. Cerca nacieron las hermanas Miranda, Carmen y Aurora, cantoras de la *cidade maravilhosa*, y donde suena la banda sonora carioca con Patricio Teixeira y su *Não tenho lágrimas* o Gastao Formenti y *De Papo Pro Ar*, sonido tropical y popular.

Al lado, a la sombra de Niteroi, el vecino Río de enfrente, la aduana de blanca torre *déco,* rematada con el reloj que marcaba la hora de la llegada de Darius Milhaud, Blaise Cendrars y de Stefan Zweig. Barcos que no están, pero que se sabe que estuvieron.

Centro. El Río de Janeiro portugués, histórico y colonial, de casas de neoclasicismo

decimonónico. Lujo *Belle Époque*, de racionalismo temprano, de letreros de tipografía que
aún es moderna –Bar Flora proclama uno–,
de iglesias barrocas pintadas de blanco y oro,
como el traje de un torero, repletas de exvo-
tos de cera e imágenes coloridas, que parecen
templos paganos.

Muelle de Valongo. Apenas restos del espi-
gón donde desembarcó la corte fugitiva, pro-
cedente de la lejana Lisboa asediada por Junot,
para convertir a Río de Janeiro en capital de un
imperio y en puerta de la esclavitud.

Calles adoquinadas y aceras de teselas
blanquinegras, sembradas con las notas de las
Saudades de Milhaud, que cantan al Rio eterno: Tijuca Gávea, Ipanema, Leme, Botafogo,
Copacabana, Laranjeiras.

Confeitaria Colombo, rua Gonçalves Días,
en el centro, el antiguo Río. Salones de cierta grandiosidad de *Belle Époque* tropical. Espe-
jos y dorados en dos pisos de suelo geométrico

bajo alargada linterna y tragaluz vítreo. Grandioso Miremont carioca, que lleva a Biarritz al Nuevo Mundo.

Casi al lado, *Casa Cave*, pequeño y esquinado café en la rua Sete de Setembro, que tiene algo del mundo colonial fin de siglo. Refugio en sus salitas, casi de juguete, de los modernistas –en Europa, los vanguardistas– Oswald de Andrade, Mario de Andrade, Tarsila do Amaral. Modernidad y tradición en una urna.

Aquí y allá una santería: mercado de síntesis afroamericana. Es el Bazar Oxalá o Casa Gambóa de Umbanda, donde muestran, en un escaparate de indescriptible sucesión de colores y formas, las imágenes del Candomblé, del culto a los orishas, del Umbanda, el sincretismo surgido hace más de un siglo, de personajes de nombres inolvidables: Oxossi, Lemanjá, Ogum, Pretos Velhos, Bara, Obba, Nana, Babalú Ayé, Ibejís, Changó, Oxalá, Xapaná… Es, más que una imaginería, un teatro de marionetas.

El Brasil moderno de Sao Paulo y Brasilia, de vanguardia y megalomanía, o sea, dos utopías, no gusta del Candomblé, la religión popular que sueña y se aleja de la élite más conservadora, evangélica, que se cree actual.

Río moderno, alrededor de la monumental avenida del Presidente Vargas, Chicago en Brasil, de arquitectura racionalista y rascacielera. Muchos edificios, temerosos del asedio del mar, nacieron como palafitos, elevados por enormes pilares. Río moderno, de brillo y lujo. Gente por las calles, aumentan las colas en las paradas del autobús al caer la tarde. Coches. Poco a poco, el ejecutivo va dejando su lugar a otros personajes. Son tipos que salen de las sombras de los portales, de las esquinas que llevan a las calles del centro, donde parecen aguardan escondidos la llegada de la noche. Vendedores que llevan su mercancía en grandes bultos y sustituyen a los comercios cerrados. Es un mundo alternativo, fantasmagórico.

Luz y color. Casas pintadas de colores vivos y cálidos; vegetación, azul del cielo, verdor de los montes, reflejos verdeazulados de la bahía de Guanabara, de selva y mar… Todo es tonalidad en un Rio de blancos, de negros y de todas las combinaciones raciales posibles. Río, cocktelera de hombres y razas, de verde amazónico, añil oceánico y azul celeste, de sombras de palmeras rectas y esbeltas.

Bordear Lagoa es ver la Roca de Gava, con las alargadas hileras de rascacielos a sus pies y la favela extendida a su lado. Riqueza y pobreza extremas se contemplan en distante vecindad.

Río, múltiple y diverso, inmerso en una mitosis secular al son de las bachianas y guitarras de Heitor Villa-Lobos, se reproduce en partes que originan réplicas diferentes, urbes distintas y contradictorias, cuya suma da como resultado una nueva ciudad.

En lo alto, como hormigueros en la cima, siempre vigilantes, las favelas.

São Paulo, a cidade populosa

LA CIUDAD es la Avenida Paulista, ecos de Quinta Avenida en la que el cristal y el acero han desplazado a los rascacielos cincuenteros. A un lado, el edificio de Lina Bo Bardi, una caja atada con cintas rojas, que atrae como un faro bajo un sol reverberante, y que advierte de la vocación por la modernidad de la ciudad.

Amplias aceras, recorridas por multitudes apresuradas, en las que se cruzan razas y tipos, en combinaciones y matices de colores.

Automóviles modernos y veloces por la calzada, rascacielos recientes en los que reverbera el sol, locales de lujo y finanzas. Ajeno, un negro descalzo y harapiento, empuja un carro.

El sube y baja de la Rua Haddock Lobo cruza la gran avenida. La atraviesan otras calles recoletas, de casas bajas con jardines de espesura densa y apretada.

En otras avenidas hay rascacielos supervivientes y abandonados. Reliquias de otro siglo como la palaciega Casa das Rosas y las estaciones antiguas, de ladrillo y andenes multitudinarios.

Restos de la *Paulicea Desvairada*, la ciudad alucinada a la que Mario de Andrade trajo a Macunaíma desde la selva, para ver la modernidad de la Semana de 1922. Para que la pintaran Tarsila do Amaral y Anita Malfatti, y conocer a Oswald, el otro Andrade. Luego, casi todos se irían a París, vía Río. São Paulo era el modernismo y lo popular. Era selva, palmeras y rascacielos, como la América de la época.

Agitación de comensales en Sujinho, en la Rua Consolaçaô, que fue un bulevar arbolado. Restaurante de suelo blanquinegro del São Paulo tradicional, en una casa de dos pisos. Entre una nube de camareros, la feijoada convoca a quienes trabajan en los alrededores financieros y comerciales. Cerca, larga y algo paulista, la Rua da Consolaçaô, lanzada hacia el centro, confirma que la ciudad es inabarcable.

Ciudad neoyorquina y tropical en transformación incesante, en permanente muda de piel que no respeta el pasado, aunque todavía siguiera siendo moderno. Las palmeras, airosas como flechas disparadas al cielo, parecen competir con los rectos rascacielos y con los edificios ondulados como los de Ruy Ohtake. Al lado, las suaves curvas, niemeyeranas y sesenteras, del Edificio Copan, advierten de ese espíritu paulista de incesante transformación. A sus pies, un restaurante para jóvenes ejecutivos y empleados de banca, del Brasil más americano y rico.

Cerca, en ese centro urbano en el que, como el gusano en la manzana podrida, alienta la marginalidad en forma de edificios abandonados, hay algunas reliquias de la modernidad paulista. Son los edificios Italia, Altino Arantes o Martinelli, que tiene el título nobiliario de ser el primer rascacielos de Brasil.

A la sombra de las grandes arquitecturas hay alguna tienda de productos exóticos, de remedios ancestrales. Restos de la tradición que, en Sâo Paulo, se esconde. Aquí domina lo contemporáneo, lo rabiosamente moderno: no hay lugar para la santería y la samba. La selva y el misterio se quiere lejana. Es un Brasil diferente, industrial y financiero, literario y artístico, surgido al margen de la iniciativa pública, al contrario que Brasilia o el nuevo Río de Getúlio Vargas.

Ese mundo por el que circulaban grandes berlinas y limusinas de marcas americanas y cincuenteras, lo retrataron entonces Marcel Giró, Paulina Puig y Germán Lorca. Una ciudad que, para Bioy Casares, era una desmesura.

Lejos del centro aguardan otras urbes que son la misma, pero también diferentes, que triplican los millones de habitantes de una ciudad inacabable y entregada al cambio, a lo moderno como forma de ser.

Brasilia, nueva Ciudad del Sol

Uⴟᴏᴘíᴀ igualitaria de los candangos, impulsada por cinco visionarios –Juscelino Kubitschek, Lucio Costa, Oscar Niemeyer, Athos Bulcão y Roberto Burle Marx– émulos de Tommaso Campanella en busca de la Ciudad del Sol.

Sueño urbano, moderno falansterio que, sin fábricas ni chimeneas, revive a Nowa Hutta y Magnitogorsk en el Trópico, cambiando obreros por funcionarios y ministerios. Muestra de un país que quiere ser nuevo, que se ha creído el futuro que le auguró Stefan Zweig.

Modernidad de curvas y rectas, de formas blancas y decoración de azules en forma de avión que lleva al lago Paranoa. Todo es geometría, línea y orden. Blanco y azul. Luz y espacio. Utopía de la modernidad imaginada en la nada del sertao.

Anillos sucesivos de carreteras circunvalan una ciudad sin calles, de la que se ha expulsado al hombre. Reino del automóvil, que recorre las grandes avenidas vacías. Sólo en las escasas calles estrechas se encuentran atisbos de lo que es ciudad.

Hotel Brasilia Palace. Enorme cubo, blanco y racionalista. Paneles de azulejos azules, muebles sesenteros sobre alfombras de diseño geométrico. Presencia de Oscar Niemeyer y Athos Bulcão. Modernidad que permanece en la soledad que ronda a la ciudad.

Cierto, el Eixo Monumental lo es, y mucho. Y lo remata la Plaza de los Tres Poderes. Apogeo de la arquitectura nueva: Catedral de Brasilia, de haces vegetales, vista en el libro escolar cuando se construía; semiesférico y bunkeriano, le sigue el Museo Nacional. Luego, el gran cubo de la Biblioteca Nacional, el airoso y sesentero Palacio Presidencial, el Palacio de la Alborada, el selvático Palacio de Itamaraty, intervenido por Burle Marx, y sobre todo el Congreso Nacional, combinación de monumentales semiesferas y rectángulos de rascacielos. Enorme explanada, kilométrica, que es en realidad una sala de exposiciones de arquitectura.

Fuera, y algo escondidas, hay dos iglesias: Nuestra Señora de Fátima, de pequeña esbeltez airosa y niemeyeriana, y el Santuario de Don Bosco, de ambiente irreal, tanto como el motivo que la impulsa, con amplios vitrales azules obsesionantes.

Entre volúmenes y formas audaces, se alzan unas palmeras esbeltas en las aceras de tierras rojas de unas vías solitarias. En un semáforo, un vendedor ofrece mangos, trayendo el recuerdo del campo.

Hay en esas calles vacías, de pavimento levantado, un aire de abandono que es un aviso a navegantes. La ciudad envejece al tiempo que aquellos que nacimos con el proyecto.

Mis Venecias

Nombres sonoros, de ecos bizantinos, que llevó algún dux –Mocénigo, Dándolo, Rezzónico...–, cuyo sonido evoca un pasado de lirios marchitos en jarrones repujados de oro de Constantinopla.

Lugares mil veces escuchados –Rialto, Lido, San Marcos– que recogen ecos de carnavales barrocos, de lujosas galeras engalanadas con tapices y de un cosmopolitismo, algo ajado, de viejos hoteles que hoy albergan émulos de viajeros decimonónicos.

Puentes de suspiros románticos atravesados por naves airosas e imposibles, pintadas por

Depero y gobernadas por marineros de opereta, que regatean con el *vaporetto*.

Puerta de Oriente. Italia sin Roma, anclada en una eterna Edad Media, coronada por un bosque de chimeneas tan viejas como la misma Europa.

Caballos de San Marcos, botín de la cruzada que perdió el auriga en el Cuerno de Oro. Transparentes cristales fatimíes, coloridos esmaltes de broches y fíbulas de Bizancio, y el misterio de un evangelista, que quizás sea el gran Alejandro.

Palacios sombríos, inclinados sobre canales de aguas de jade denso y oscuro, con logias y arcadas que ocultan mohosas telas de Fortuny y retratos de equívocos discípulos de Lorenzo Lotto. Por las ventanas, se oye a Monteverdi o Vivaldi.

Opera y carnaval. La Fenice renacida. Perdidos callejones del Ghetto, canales y *campi* solitarios bajo la mirada retadora de Bartolomeo Colleoni.

Elegancias de la Mitteleuropa a orillas del Adriático, que iban a descansar al Lido, como el desdichado von Aschenbach, víctima del cólera y de su capricho italiano.

Ciudad que mira al Bizancio que fue de dorados tonos, de esmeraldas y oro, de púrpura y porfirio, aquí eternizado. Reflejo lejano de la Sublime Puerta, temida y envidiada, donde el viento de los Dolomitas, distante muralla blanquiazul, limpia la ciudad, barre los callejones y devuelve al mar un aire de siglos, en el que parece que aún late la peste.

Hoy, convertida en escenario, los cruceros, la flota de los nuevos normandos, la asedian y saquean sin remedio.

Ajeno y no muy lejos, en Trieste, reposa quien mejor la cantó, Paul Morand, que yace junto a su princesa rumana.

Nueva Geografía Esencial[1]

KOENIGSBERG

MIENTRAS Kant continúa dando la hora, la ciudad se sigue llamando Kaliningrado a pesar de que nadie recuerda al oscuro líder soviético que nunca pisó sus calles.

RODAS

A LA sombra del Coloso, reunión de formas clásicas, de fortalezas bizantinas y de la Orden

---

1. Este apartado es una continuación del capítulo «Geografía Esencial», incluido en *Atlas personal* (Sevilla, Renacimiento, 2019).

de San Juan, de minaretes otomanos y de
búnkeres de hormigón. Uno de esos lugares
que permanecerán. Durrell y Miller se rindie-
ron a la leyenda.

BURDEOS

La Francia atlántica y comercial, rica y burgue-
sa, que rivaliza con la norteña y mediterránea.
París del sur, en el siglo XIX no tuvo su barón
Haussmann, y eso se nota a pesar de algunos
alardes. La guerra le dio extrañas bases de sub-
marinos. Sus apellidos son imperecederos: Saint-
Emilion, Graves, Médoc, Pomerol, Cognac…

BRESLAU

Ahora, la polaca Wroclaw, junto al Óder.
Otra de las ciudades de los muchos nombres,

es decir, de mucha historia y sufrimiento, que existen en la Mitteleuropa. Una lista extensa.

MANILA

La España más lejana, donde era fronteriza con China. El exotismo de un imperio castellano que envió a su capital el que sería uno de sus atributos más castizos.

MAGNITOGORSK

Utopía siderúrgica y soviética escondida en los Urales. Pronto pasó de sueño obrero a pesadilla estalinista. Su nacimiento, lo contó el americano John C. Scott, testigo de cargo.

Biarritz de Crimea. Ciudad balneario de la aristocracia rusa que huía de los hielos de Moscú y de San Petersburgo. Antes de que los grandes se repartieran el mundo en el palacio de los zares, Anton Chejov veraneaba en sus hoteles.

DAKAR

Marsella en África Negra.

MADRIGAL

Castilla resumida con nombre de poema. Carga con el apellido «de las Altas Torres», añadido en el siglo XIX, que tanto gustó a Galdós. Fue sede amurallada de una corte errante, en la que nació Isabel la Católica. Hoy, entre almenas desmochadas, abandono y melancolía de lo que fue, los mismos cuervos revolotean en su cielo.

GAFSA

Una piscina romana en un palmeral que anuncia el desierto, donde se bañaron caudillos vándalos y bereberes, exarcas bizantinos y walíes árabes. Fue uno de los obispados más meridionales.

PORTOBELO

Una de las capitales del Caribe. Dentro de sus murallas, con cañones y garitas de aire colonial, se sabe de oro, plata y negritud. Hoy, cerrada la aduana española, sestea.

SALÓNICA

GRIEGA, romana, bizantina y turca, poco a poco se hizo sefardí. Como en tantos lugares, el siglo XX acabó con todo a cambio de casi nada.

TREBISONDA

GRECIA en el confín del Ponto Euxino, asomada a la Ruta de la Seda. Acogió una réplica local del Imperio Bizantino en una esquina del Mar Negro. Cuando era otomana, Don Quijote la llamaba Trapisonda.

POZNAN

URBE medieval y una de las muchas ciudades de la Europa de ayer. Cuando era Posen, fue una de las *Festung* de Hitler en el Este junto con Koenigsberg y Breslau, con las que compartió destino y cambio de nombre.

APULIA

Escondida entre montes y el Mediterráneo, la región, batida por vientos y soles, ve pasar imperturbable la historia y los pueblos.

ALCÁZARQUIVIR

Donde, bajo un sol africano, combatieron y murieron los tres reyes, aunque sólo uno desapareció rumbo al mito: Don Sebastián de Portugal, a quien todavía algunos esperan. En Marruecos, donde no aguardan a ningún rey, se llama Ksar el Kebir.

ANGKOR

La capital jemer abandonada en la selva, a la que fue André Malraux, apartando maleza y lianas, para llevarse unas esculturas de bailarinas con las que comenzó su Museo Imaginario.

MONDOÑEDO

Ciudad de las campanas nocturnas. Recoleta de conventos y piedra, sus noches y sus piedras inspiraron las fabulas medievales de Álvaro Cunqueiro.

MANAOS

Selvática y cauchera, pasó de ciudad de frontera y aventura a París del Amazonas. Su Tea-

tro de la Opera fue el delirio cinematográfico
de *Fitzcarraldo*.

PHNOM PENH

Así, con la denominación tradicional de cuando era una de las joyas de la Francia colonial, y
encarnaba la dulzura de Indochina. Representaba todo lo que odiaban los jemeres rojos, que
intentaron devolverla a la aldea.

ODESA

Un Burdeos babilónico y moderno en el Mar
Negro, que entró en la modernidad bajando la
escalera Potemkin. Allí nacieron Isaak Babel y
Anna Ajmátova, cuando había tártaros, judíos,
turcos, griegos, armenios, y balcánicos. Hay
un lamento nostálgico en forma de canción

tradicional en yiddish, *Proshchai Odessa,* que dice mucho de la ciudad.

AKABA

Entre el desierto y las aguas del Mar Rojo, fue nabatea antes que bizantina e islámica. Aquí comenzó la leyenda de T. E. Lawrence.

NUEVA ORLEANS

Balcón asomado al Golfo de México, síntesis de lo español, francés y criollo, de lo africano y lo caribeño. Un Haití en los Estados Unidos, donde se toca jazz y *rhythm and blues,* y donde vivía la joven pareja de *You never can tell,* que en francés es *C'est la vie.*

DIEGO GARCÍA

Una isla en la nada del océano más lejano, en la que ni siquiera estuvieron los marinos más audaces, los piratas. Primero, portuguesa, luego, los ingleses la convirtieron en base militar. Tiene algo de tintinesca, de Stevenson y de Spielberg.

MADAGASCAR

Grande y excéntrica, más asiática que africana a pesar de su lejanía del continente. Testimonio de otras edades geológicas, en sus aguas vive el prehistórico celacanto, que se creía extinguido. Se diría que sigue fuera del mundo.

CHICAGO

CONOCIÓ el siglo XX antes de que llegase. Cuna del rascacielos y del jazz, fue espejo de muchas ciudades posteriores.

KIEV

CENTRO del mundo eslavo, enlace entre el Báltico y el Mar Negro. Desde hace un siglo es pródiga en acontecimientos, hambrunas y bombardeos. Mijaíl Bulgákov, nativo, la convirtió en *La Guardia Blanca* en la inolvidable ciudad de los Turbin. Su casa, cuando escribo estas líneas, aún sobrevive a la cuarta guerra que vive.

MÉXICO

Ciudad donde no había ciudades, que se hizo castellana sin dejar de ser indígena. Fue el mundo indio criollo y cortesano de Sor Juana y un Madrid en el exilio. Luego, revolución, estridentismo y Diego Rivera, Trotsky y el exilio español.

SOCOTORA

La más desconocida de las islas cristianas de Santo Tomás. Después de nestoriana fue colonia portuguesa y, luego, parte de un sultanato. Su emplazamiento sorprende por la equidistancia entre civilizaciones. Ahora, fuera del mundo, es yemení.

HONOLULÚ

Volcanes, palmeras y *art déco* polinesio al son de lovely hula hands. Una Florida del Pacifico multirracial, en la que todos cantan *Honolulu, how do you do?*

SAGRES

El más meridional de los Finisterres de Europa, fue el puente de mando de Enrique el Navegante y proa de Portugal. Su faro señala a los marineros el comienzo del viaje más arriesgado.

PERNAMBUCO

Durante mucho tiempo fue sinónimo de lo más lejano.

GINEBRA

Hoy, ciudad internacional, antes, una de las ciudades que sabe lo que es una teocracia, pero también ser tierra de asilo. La han paseado Luis Vives, Rousseau, Voltaire o Borges. Es como una Europa detenida en el Seiscientos convertida en caja fuerte, que mira al mundo desde fuera.

BELVOIR

O, mejor, Castillo de Belvoir. Atalaya de los cruzados sobre el valle del Jordán. Epítome de la región, ha pasado por manos cristianas, islámicas, turcas, británicas y judías. Sus muros, a despecho de sus dueños, continúan alzados.

MARACAIBO

Otra ciudad caribeña con ecos de piratas, incluidos los de Hollywood.

MACHU PICCHU

Andino misterio de piedra, aislado y olvidado durante siglos. Con las fotografías de sus muros ciclópeos, Martin Chambi hizo de Mondrian y Torres García. Patria del inca Tupac Amaru, supo eclipsarse hasta de los españoles. Siempre será el escenario de *El templo del sol*.

BÓVEDA

En la Galicia profunda, la tumba del hereje Prisciliano, oculta en un ninfeo. Hoy, iglesia de Santa Eulalia, en un pueblo lucense del mismo nombre.

ADÉN

DONDE Rimbaud hizo de traficante, cuando aún estaba vivo el recuerdo de la reina de Saba.

ARÉVALO, MEDINA Y OLMEDO

ESCENARIOS del torneo interminable que fue el otoño medieval castellano. Guerra y oropel diseñados por el gótico flamígero, que ya anunciaba el Renacimiento.

FIUME

PUERTO austriaco y sueño del permanente irredentismo italiano, donde se cumplió el delirio d'annunziano. Toda la escenografía y el vestuario de la farsa lo aprovecharía Mussolini. Hoy se llama Rijeka, y sigue sin ser italiana. Un cambio de nombre que costó muchas vidas.

AMAUROTA

LA capital de Utopía, el país más deseado. Para ir, acudir a Tomás Moro.

3

Cuando Lázaro llegó a Toledo

POR FIN, cuando el sol de mediodía recalentaba el campo, amarillo de trigos y pardo de secanos, Lázaro llegó a Toledo. Lejos quedaba el arrabal salmantino de Tejares, junto al Tormes, de donde salió niño para hacer el viaje que, tras servir a muchos amos, ahora le había llevado a la insigne ciudad de la que se hablaba en toda Castilla.

En el recorrido, cruzó por lugares de los que alguno era mejor quedase en el olvido. Todos estaban en estas tierras de Toledo, en las que pareciese hubieran tomado su riqueza de la ciudad del Tajo, pues sus naturales se regalaban y vivían con abundancia de panes, quesos y vinos, aunque a él poco le llegase.

Sus adversidades e infortunios se pasearon por la villa de Almorox, de donde fue el vino de su desgracia, y, luego, por la vecina Escalona, la del gran castillo que domina el río y donde, al fin, quedó el ciego. De ahí fue Lázaro a un lugar llamado Torrijos, de donde salió pronto a pesar de ser de gran caserío y riquezas, para llegar a la villa de Maqueda, que fue de sus pesares. Así, maltrecho y viviendo de la caridad de las buenas gentes, llegó al cercano Toledo solo y sin amo.

Desde el Camino Real, la gran ciudad imperial aparecía recogida sobre la peña que domina el Tajo, rodeada del verdor de los cigarrales que no tardaría en cantar Tirso de Molina. Le parecía una mezcla de Jerusalén y Babilonia, y eso que aún no habían llegado los días de esplendor imperial que le esperaban.

Sobre ella, sombra del poder vigilante, dominaba el viejo Alcázar de grandes torres cuadradas y grises. A su lado, destacaba la airosa aguja de la catedral, apuntando a un cielo azul y despejado, proclamando la riqueza del Arzobispo. A lo lejos, la mole del convento de San Juan de los Reyes, con el yeso todavía fresco y brillantes los azulejos de cuerda seca del alicatado. Rodeando todo, el río, verde y profundo, que salvaban el Puente de San Martin, desde donde se veían batir los batanes, y el viejo Puente de Alcántara, junto al cual Juanelo Turriano montaría su ingenio, de exactitud relojera y pétreos contrapesos, para subir el agua a la ciudad. Su vista le trajo a Lázaro el recuerdo de aquel puente sobre el Tormes que corría en su infancia, a la vista de la muralla y del Convento de San Esteban.

Por lo oído a los amos a los que había servido, sabía Lázaro que Toledo era ciudad rica pero poco limosnera. Un lugar como no había otro en el reino, donde se hablaba de la legendaria Mesa del Rey Salomón y de la Cueva de

Hércules, escondida entre casas de patios desde los que sólo se ve el cielo. Una ciudad en la que los días del Bachiller Marquillos, de revueltas y ajustes de cuentas que ensangrentaron las calles empinadas, se habían olvidado. Nada más lejos, pues uno de los asuntos que iba y venía por los corrillos de Zocodover y de otras plazuelas toledanas, era el de la limpieza de sangre. Un acaso que ocupaba a los vecinos mucho más que los sucesos de la reciente Comunidad que había proclamado el Caballero Juan de Padilla, de cuyos desordenes Lázaro pudo ver por la ciudad el testimonio de alguna almena caída y no pocos muros desmochados.

Vio la riqueza de los puestos y el griterío alegre con que se anunciaban las mercaderías en las Cuatro Calles, la alegría de los corrillos en plazas, donde se oía tocar la vihuela, la zanfoña y el rabel, y también cantar con más gracia que en otros lugares del reino; vio los muchos canónigos e hidalgos de aspecto satisfecho, que recorrían las calles, la abundancia de bolsas de las que salían los reales de plata como una fuente sin fin, la presencia de los alguaciles que guardaban las calles porque hubiera orden y la demasía de iglesias y conventos, para alegría de galloferos. Escuchó el pregonar de asuntos y relaciones por las esquinas, el golpear de los martillos de los espaderos y el sonido de los telares, que anunciaban riqueza, las muchas lenguas y acentos que se hablaban en sus calles… Todo le convenció de que su lugar era Toledo. Creía que, tras atravesar media Castilla acogido a las caridades, pasando penas como Moisés en el Sinaí, por fin había llegado a la tierra prometida, a una Arcadia o a una Jauja, en la que parecía que nadie sufriese del hambre que había en el reino y donde prosperaría. Quizás por eso fuera aquí donde le quiso enviar Alfonso de Valdés, o a lo mejor fuera Diego Hurtado de Mendoza, pues nunca supo Lázaro quién en verdad le diera la vida en los papeles.

En ese año del señor, antes de que el Emperador Carlos convocase en la ciudad a los procuradores de las ciudades de estos reinos para celebrar Cortes, Toledo bullía de vida como en un eterno verano. Aquí, como le sucedió a él mismo, llegaban gentes de todas partes y de todos los oficios, hasta aquellos que, como su amo, vendían esas bulas sospechosas de no ser finas ni papales, que Lázaro ayudaba a que comprasen los labradores ricos de la cercana Sagra.

Era Toledo el lugar donde habría de convertirse en hombre de bien, con jubón, capa y sayo, y un sustento seguro. Así pensaba cuando sus pasos le llevaron a la parroquia de San Salvador, que luego la Providencia, o la Fortuna, que nunca se sabe, haría que tan cerca le fuera.

En esas estaba, sentado a los pies de la torre, procurando el fresco de la sombra y de las piedras, pues el mediodía pareciese era de verano, cuando oyó las palabras conocidas:

—«Muchacho, ¿buscas amo?».

El resto, como lo acontecido con aquellos ciegos, bulderos, capellanes y alguaciles, ya todos lo saben gracias a quien escribió su historia.

Madrid en Mayo

TODAVÍA no había ocurrido lo de Dallas,
cuando, al salir al corto recreo de la tarde que
anunciaba la cercanía de la salida, saltábamos y
gritábamos sin más motivo que la alegría. Los
días ya eran largos y las calles —adoquinadas,
vacías y amplias— estaban bordeadas de acacias,
fresnos y olmos, clavados en amplios alcorques,
comunicados por canales para recoger el agua
que encharcaba el riego.

Aún había bulevares sombreados por acacias
y plátanos de Indias, que recorrían trolebuses y
largos tranvías azules y blancos, que chisporro-
teaban al pasar junto a kioscos con veladores de

hierro y mármol. Por las calles pasaban algunos Opel y Volkswagen y unos pocos coches grandes, entre ellos los llamativos «haigas» americanos —Cadillac, Chevrolet, Oldsmobil—. Había también algunos Mercedes y Citroën *traction avant* con aire a Gestapo, junto a taxis negros como escarabajos, pintados con una línea roja. Eran los altos Austin, los orondos Seat 1400, los airosos Citroën 15 Ligero, los Peugeot 104 y Simca Aronde. Todos se cruzaban con los extraños diseños del Renault 4/4 o de los pequeños, casi unos juguetes, Isettas, Biscuter o Goggomobil y con nubes de vespas, motocarros y bicicletas. Junto a ellos había autobuses ingleses Leyland de dos pisos —is líneas 7 y 15— que rozaban las ramas de los plátanos de Indias, asustando a los pasajeros del piso superior, donde nos disputábamos el asiento delantero.

También se veían algunos carros de grandes ruedas de madera, tirados por mulas viejas y cansadas o por burros de aspecto triste, que llevaban unos personajes extraños, vestidos de manera estrafalaria, que a veces nos asustaban. Iban cargados de basura y deshechos rumbo a los vertederos de más allá de Fuencarral que había descrito Blasco Ibáñez en *La horda*. Verlos pasar desde la acera, renqueantes y pesados, resbalando por los adoquines, siempre sobrecogía un poco. También había otros carros, de color gris claro y con un número negro pintado a un lado, que llevaban los barrenderos como grandes carretillas, mientras barrían unas calles que estaban siempre despejadas.

En las plazas de la Castellana y de Chamberí, al igual que en algunos bulevares, había kioscos, terrazas y pérgolas, en las que la horchata se tomaba con una paja que al morderla sabía a campo, y donde las cervezas, servidas en largos vasos abiertos —la caña—, se apoyaban en cuadrados de fieltro marrón, húmedos de espuma rebosada. Entonces parecía que las primaveras serían siempre así: que siempre trinarían las golondrinas y que las acacias no perderían su verdor. Que siempre serían el anuncio del verano, de las vacaciones y del veraneo.

En aquel tiempo mucha gente llevaba uniforme por la calle. Había curas y soldados, militares, monjes y frailes, policías armados de gris, al igual que los guardias forestales de grandes bandas de cuero cruzándoles el pecho y airoso sombrerito de montería, guardias civiles, guardias de tráfico, policías municipales de azul oscuro, barrenderos, carteros, taquilleras de metro, conductores de autobús y tranvía, taxistas, monjas y enfermeras, botones, ordenanzas y bedeles, acomodadores y porteros, modistillas y limpiabotas, camareros, colegiales, chicas de servir y también, aunque no muchas, camisas azules y boinas rojas... Había muchos uniformes, sí. Se diría que todo el mundo se tenía que distinguir para evitar confusiones.

También abundaban los solares y descampados, esos lugares que Pio Baroja descubrió para la literatura, y al que tanto le interesaban. Casi todas las calles tenían alguno. Eran como lunares de tierra entre las casas, que mostraban su carne de arena sembrada de latas vacías y oxidadas, de cardos, espigas verdes, botellas rotas, escombros y excrementos. Eran, más que una muestra de la Naturaleza en la urbe, una incursión del suburbio en el centro. Lugares prohibidos para los niños en los que, en ocasiones, había alguien sentado y medio escondido entre tablones apilados, restos de alguna obra. A veces, junto a alguna fuente al final de Reina Victoria, se veían jugar a niños desnudos entre los escombros y la basura, con palos en las manos. Mientras, en la Gran Vía, los neones de las tiendas y los grandes carteles de los cines avisaban de lo que sería el futuro cuando aquí todavía estábamos en el pasado, cuando la Casa de Fieras del Retiro todavía no era zoo, y el carrito rojo de la Plaza de Oriente con su eterno borriquito seguía paseando a niños que pugnaban por tocar la campanilla. Luego, los cines, palacios de sueños infantiles que se repartían por todo Madrid ofreciendo fantasía en sesión continua o en estreno.

Era una ciudad más que tranquila, silenciosa, sobre todo en algunos lugares como el cercano Viso, salvo los días 14 de cada mes en que los fieles acudían en romería a la iglesia de Santa Gema, una santa moderna de vitola italiana, con fama de milagrera. En la calle se oía el correr de las hojas pequeñas y amarillas impulsadas por el viento, el trino de los gorriones, los pasos y las voces lejanas. Y se oía cantar, en la radio, en las casas y en la misma calle. Entonces se cantaba mucho.

Al atardecer, las calles adoquinadas y las aceras de grandes alcorques, casi siempre parecían amplias y vacías. Únicamente cruzaban repartidores en bicicleta y unos pocos coches, y tan sólo se oían los gritos de los juegos de los niños y la charla de quienes estaban sentados en las terrazas o en las sillas metálicas de Recoletos, la Plaza de España y la Plaza de Oriente. En esos momentos, las tardes parecían más largas y cercanas, como si la ciudad fuera una extensión de la casa y la gente de las calles, parte de la familia.

Otras veces, parecía como si se hubiera detenido el tiempo. En las esquinas y en las plazas solían establecerse los puestos de las piperas, unas veces cestos de mimbre y otras ingeniosas maletas que se convertían en escaparate y mostrador de un pequeño y efímero comercio, como el que aguardaba a la entrada del Retiro. Todos ofrecían, como una tentación permanente, el surtido de algún pequeño juguete fabricado con el novedoso plexiglás, caramelos, pipas y chicles americanos en envoltorios de colores desconocidos.

Había barquilleros de rojo cilindro al hombro, rematado por el brillante latón de la ruleta, fotógrafos y vendedores ambulantes de corbatas y piedras de mechero, así como carritos de helados. Había vendedores a domicilio como los mieleros de la Alcarria de amplias blusas y boina que, cubo de madera en mano, traían el campo a la ciudad, al igual que los vendedores de botijos que a veces aparecían por alguna calle con sus burros de albardas rebosantes de la cerámica roja de la extremeña Salvatierra de los Barros. Todo por no hablar de las vaquerías que ocultaban unas vacas que ya no podían salir nunca de ese establo urbano convertido en tumba, y de talleres, imprentas o carpinterías, más domésticas que modestas, que te encontrabas, como en Palermo, en cualquier calle. Luego las tiendas, las jugueterías, las perfumerías y droguerías, las ferreterías y papelerías, las librerías y mercerías, las tahonas y pastelerías, cada una con su olor característico que, al salir por la puerta, permitía identificarlas sin verlas.

Y también había cafeterías, muchas cafeterías. Estaban California 47, Manila, Lloyd's –en Alberto Aguilera–, Mónico, Somosierra,

Café Lyon, Chócala, Correos, California 21, Roma, Embassy, Nebraska, el Café Gijón, El Parador de Velázquez, Neguri, Mansard, Santander, Carlos III, Sakuskiya, Aitana, Select, La Calesera, Rato –en Guzmán el Bueno–, el Café Varela, Viena Capellanes, Chiquito, Las Vidrieras. José Luís… Allí, entre un olor a café con leche y tostadas con mantequilla, que es a lo que olía el bienestar que supone el rito de la merienda, mi madre y yo a veces esperábamos a mi padre. Itinerarios de unas tardes de infancia que tejen los recuerdos de una vida. Al final, lo único que queda.

Todavía se hablaba de antes o de después de la guerra como referencia. Un acontecimiento que, para casi todos, regulaba la vida como un jalón esencial tal que el nacimiento de Cristo, pero del que casi nunca se comentaba nada, como si no se hubiera vivido. En cambio, los ancianos que habían combatido en Cuba o Marruecos, contaban sus hazañas con detalle y orgullo, como aquel don Damián vecino de mi abuela, delgado como un huso, que decía que había estado con el general Cavalcanti en su famosa carga de caballería en Taxdirt contra los rifeños al frente de un escuadrón. Todo, como si hubiera ocurrido hacía apenas un lustro.

En las afueras, la ciudad y el campo se unían sin darse cuenta, con suavidad, en unos suburbios de arquitectura precaria, a medio camino entre rural y urbana, en los que había merenderos destartalados, polvorientos y frondosos, en los que a la sombra de los árboles servían platos tradicionales. Todo como si fuera una preparación para el campo antes que una introducción a lo urbano. Entonces apenas existían los bloques dormitorio, los nuevos barrios de cemento y nombres desconocidos, casi siempre de santos, y las casas bajas de los barrios periféricos, algunas casi chalets y otras en cambio chabolas, adelantaban lo que se podía encontrar en ambos sentidos. Había algunas ruinas, siempre de ladrillo rojizo y desgastado, que hablaban de luchas y batallas recientes, al igual que las zanjas que fueron trincheras y que, como las heridas de la guerra, todavía seguían abiertas en los desmontes. Algunos niños del colegio y del parque, incluso decían que se habían encontrado cartuchos y vainas en el Parque del Oeste, que nunca nos enseñaron.

Las estaciones, siempre más cercana la del Norte, la de Príncipe Pío, tenían un olor metálico inconfundible a madera, carbonilla, balasto y brea, que traían la ilusión del viaje y la inquietud de la espera. Los vagones de los cercanías, con asientos de madera patinados por el uso y el tiempo, parecían los empleados por la reina Isabel para ir a Aranjuez a recoger fresas en mayo. Y es que, en estos años, Madrid era una combinación de la Regencia, la zarzuela y el bar americano. Una ciudad que tenía algo de decorado, que jugaba a ignorar lo que luego supimos había ocurrido unos años antes, y de lo que sólo hablaban algunas ruinas y alusiones al misterioso e inexistente Cuartel de la Montaña, junto al cual las farolas de Rosales conservaban todavía agujeros de bala que me enseñaban mis primos mayores que vivían a su lado.

Luego, llegaron los americanos de la que llamaban «la Base», es decir, Torrejón, quienes se instalaron en un barrio del norte de la Castellana, al que llamaban Corea en recuerdo del conflicto en el que habían participado, aunque quizás fuera también por lo diferente de sus costumbres. A veces se les veía pasar en unos coches grandes y coloridos, como ese Jaguar amarillo que tenía un sargento negro y alto, siempre de uniforme de manga corta, que vivía en un chalet de la avenida de Ramón y Cajal y al que nos acercábamos para curiosear en su interior. Por entonces ya empezaba a oírse el término ye-yé y a verse una ciudad distinta en los alrededores de la Castellana que se quería parecer a una Europa que aún estaba lejos. Era un Madrid, como nosotros mismos, ya de otra época.

Estaba entonces de moda la Gran Vía, la avenida de las tiendas como Samaral, Balenciaga, Sánchez Bravo, Camisería Madrid, Loewe, las joyerías Aldao, Grassy, Sanz, o Aleixandre, las agencias de viaje como Marsans y Lloyds y de líneas aéreas como Sabena o TWA, cuyas maquetas de aviones siempre me atraían, la Casa del Libro, los almacenes Sepu… y donde el anuncio de Camel, con el dromedario y los cigarrillos de neón moviéndose torpemente en lo alto del Capitol, me parecían un espectáculo maravilloso. Eran los años de la Gran Vía como el Broadway madrileño gracias a la sucesión de hoteles y sobre todo de cines, desde su principio hasta el final: Palacio de la Música, Palacio de la Prensa, Avenida, Rialto, Rex, Capitol, Pompeya, Lope de Vega, Gran Vía, Coliseum…. La Gran Vía por donde vi bajar una tarde al presidente Eisenhower camino de la Plaza de

España entre cafeterías y hoteles de nombres americanos como Memphis, Plaza. Nebraska, California, Dólar y Manila, que parecían darle la bienvenida. A lo lejos, en la fachada de la Torre de Madrid un gigantesco neón azul saludaba, encendiéndose y apagándose, «Ike, Ike», con una familiaridad un tanto impostada.

Albacete invernal

Para la familia Pastor López,
tan cercana siempre

La llanura, de trazos ocres y verdes, está punteada por piedras muy blancas, que señalan los límites de los senderos rectilíneos. Entre ellos, extendidos como manteles, se encuentran los sembrados en los que crecen la cebada y el girasol. Los caminos, cruzados por surcos profundos que parecen zanjas, reúnen las piedras que, durante siglos, se han ido apartando de los cultivos. Son piedras muy blancas y pequeñas que la lluvia mueve de vez en cuando. El viento no agita nada, solo limpia el campo, que se extiende hasta el horizonte. Desde lejos, los aparatos de riego de largos brazos que semejan alas, se diría que son restos de aviones o esqueletos de pájaros prehistóricos, varados en la llanura.

Al fondo, donde la vista crea el paisaje, algunos árboles agrupados señalan lugares de muros anchos y enjalbegados, de nombres tan antiguos como repetidos en otras geografías: Casas Viejas, Las Albaidas, La Choza... Son antiguas estancias campesinas, de arquitectura invariable desde hace siglos, a medio camino entre la residencia y la fortaleza. Tienen grandes portalones de madera vieja con grandes clavos de hierro forjado, que llevan a pequeños patios de posada azoriniana, con pozo de agua fresca que alivia los veranos. A su lado, cuadras, cochiqueras y corrales acogen algunos animales que aún son inseparables del hombre. Arriba, a salvo de la humedad y de los pájaros, está el granero donde se amontonan los aperos, los cedazos y los celemines que miden la cebada. De los techos cuelgan algunas ristras de ajos y cintas de cuero viejo y cuarteado de los arreos.

A un lado de la fachada, rompe la geometría un saliente cónico del muro; es un horno para cocer el pan, que humeaba cuando entonces no llegaba el panadero.

Añagueros y peones, cubiertos con boina o gorra negra, almuerzan de pie, navaja en una mano y pan y tocino en la otra, con parsimonia y silencio, al abrigo de los muros. Alguna gallina cruza el portón mientras los perros, sucios y lanudos, entran y salen del patio buscando un bocado. Los tractores viejos, como de koljoz, que alguna vez estuvieron pintados de rojo, arrastran remolques que parecen carros por caminos polvorientos, en los que brincan bandadas de perdices. Son los tranquilos días de las labores del invierno, de preparación para la siembra y de conservación del campo.

Por el cielo, gris y triste de atardecer invernal, cruzan estorninos sobre el fondo de alguna nube. Solo se oyen confusos crujidos, rumores que trae el viento. A lo lejos, tras la vía férrea que jamás atravesó un tren, está Albacete, la ciudad manchega que cantaba Azorín, cuya catedral tiene un mural ferroviario. Centro de las Brigadas Internacionales y casi capital republicana, cuenta con el inesperado Pasaje Lodares, con el que la ciudad quiso emular a París y a Milán, y que todavía espera a su Walter Benjamin.

El Mas *Pla*

A la salida de Palafrugell, junto al vecino Llofriu, se encuentra el *mas* Pla, la masía familiar del siglo xvi en que vivió y murió el escritor Josep Pla, quien sin embargo nació en el cercano Palafrugell, concretamente en el Carrer Nou, llamado también del Progrés. Llofriu, un lugar que ni siquiera recoge en su guía viajera, *Cataluña*, que en cambio lo describe en *El cuaderno gris* como «un lugarejo insignificante del término de Palafrugell con parroquia propia. Es un pueblecito silencioso de tierras de secano, pobre, con una gente resignada, cerrada, de pocas ilusiones». Una descripción algo reticente, que pretende no crear ilusiones al visitante y al curioso, muy propia del escepticismo vital de Pla.

Hay que reconocer que llegar a Llofriu desde el cercano Bagur, sin haber estado en el Ampurdán y habiendo conocido antes la obra del escritor que la propia Cataluña, no deja de impresionar un poco. La visita a la casa familiar de Josep Pla, en la actualidad en manos de unos sobrinos medio holandeses, medio catalanes, probablemente hartos de recibir visitantes que preguntan si éste es el *mas* Pla, es naturalmente una aproximación al mundo del autor, al entorno en el que escribió muchas de las obras que hemos leído lejos de tierras ampurdanesas, desconocidas hasta ahora, pero imaginadas desde entonces.

Es un lugar, como corresponde a una geografía algo mitificada, que se imaginaba distinto, sobre todo más aislado e incluso más campesino, decididamente rural se diría. No es así, pues la masía en la que vivió la familia Pla durante siglos, como señala el propio escritor, se encuentra entre dos carreteras cercanas, por lo que el ruido del tráfico, que se escucha con más insistencia de lo que se espera, proporciona una atmosfera urbana extraña. Sin embargo, al estar situada entre maizales y rodeada de establos, la casa recupera el aire de actividad agraria que ha tenido desde su origen, el propio de una verdadera masía, y que tanto le gustaba al escritor. Y es que en la obra de Pla y en su mundo, el paisaje, el universo campesino y el payés están unidos. Algo que no desmiente la realidad.

Al acercarse, el *mas* Pla aparece abrazado por enredaderas y arropado por unos cipreses oscuros, airosos y añejos, que le dan una espesa sombra al tiempo que cierta distinción. Es una construcción sólida que tiene algo de fortaleza, como todas las grandes casas campesinas, con un tejado a dos aguas y ventanas de arcos de medio punto, que sin ser saeteras tampoco son amplias. La sensación que produce es de cierto confort, de una prosperidad más que discreta que viene de antaño. A ello contribuye la limpieza y el jardín despejado, muy diferente de las fotografías realizadas en la época en la que vivía el escritor, cuando cumplía su función de establecimiento campesino.

La imagen del *mas* Pla varia al contemplarse desde la carretera que lleva a Bagur, desde donde ofrece una vista de su fachada, aunque algo emboscada en el paisaje. A lo lejos aparece como lo que es: una casa fuerte, una pequeña fortaleza construida para aplacar los temores medievales. Un refugio de cosechas y animales, desde donde se puede resistir un pequeño asedio de payeses de Remensa levantiscos o de algunos piratas berberiscos atrevidos que hubieran remontado demasiado el litoral. La masía, se mire desde donde se mire, es sólida. Aunque acogedora en verano, su emplazamiento en una hondonada sugiere cierta frialdad en invierno. Las fotografías de los años cincuenta y sesenta que muestran a un Josep Pla, sentado y abrigado en una habitación oscura con una chimenea que no se sabe bien si es de un salón o de una cocina, sugieren que es un lugar poco confortable, aunque al escritor, acostumbrado a ese mundo rústico, no debía parecérselo pues, entre sus muros, escribió miles de cuartillas. De hecho, nos dice en *El payés y su mundo* que «estas casas no suelen tener muchas comodidades» pero «son agradables desde el punto de vista de las cosas esenciales de la vida: para trabajar, para descansar, para dedicarse al ocio, para dormir». Y, por si quedara alguna duda de su relación con la casona, remata: «Trabajar o descansar bajo estos tejados, dentro de estos muros, está en el orden de las cosas absolutamente bien hechas [...] Todos es fresco y directo en las masías. Todo acostumbra a ser bueno».

A esta casona de Llofriu, donde la vida era «silenciosa y átona», acudieron visitantes de toda condición, como su amigo Josep Vergés, nacido también en Palafrugell, el director de la editorial Destino en la que el escritor publicó prácticamente toda su obra, sin contar la aparecida en periódicos y revistas. En esta masía de Llofriu vivió a lo largo de casi cuatro décadas Josep Pla haciendo de payés sin dejar de ser cosmopolita, y aquí rellenó cuartillas y fumó cigarrillos de picadura que liaba entre adjetivo y adjetivo a lo largo de los años que van de 1948 a 1981, comiendo y bebiendo lo que correspondía a la estación y lo que daba la comarca, a lo que añadía alguna importación afortunada. Su expansión habitual consistía en ir a Palafrugell, un pueblo que hoy nos parece algo descuidado en comparación con muchos otros de la comarca con vocación de tarjeta postal o de declaración de interés turístico, que resultan algo teatrales.

En Palafrugell no hay murallas ni casas medievales, ni calles pintorescas con esa limpieza, más europea que mediterránea, de los pueblos de alrededor. Y es que la capital del Ampurdán, a la que parece no interesarle la moda del turismo cultural, es ciertamente un pueblo más anodino que feo. Lo que no tiene de medieval, es decir, de turístico, lo tiene de levantino, de mediterráneo, pero también de tradicional, entendido esto como alejado de toda sofisticación y pretensión. Por eso no extraña que sea aquí donde nos dice Pla que venía con su madre a comer unos salmonetes o un arroz con pichones y caracoles, como cuenta en *El cuaderno gris,* libro afortunado desde el título.

Apenas son tres kilómetros los que separan Llofriu de Palafrugell. Un tranquilo paseo por el eje del universo de Josep Pla, en el que creció y el que inspira sus obras, aunque habría que añadir otra constelación: la costa y el mar —Pla lo describe en *Cosas del mar y de la Costa Brava* con matices y coloridos que recuerdan a la pintura Anglada Camarasa—, y lugares como

Tamariu y Llafranch. Precisamente, mientras escribo esto, veo como se extiende una guirnalda de bombillas por el pequeño golfo que va de Cap Sa Sal a L'Estartit y las islas Medas, antesala del golfo de Rosas. Es un reguero de barquitos que faenan en la noche en busca de anchoas, sonsos y rapes. Una actividad que se desarrolla en las mismas aguas en las que se avistó en 1917 un submarino alemán, según cuenta Pla en *Uno de Begur.*

De la opinión que tenía Pla de la masía como construcción, y de su función, digamos, cultural y humana, nos dan idea los capítulos «Delante de una masía» y «Vida silenciosa y átona», de su libro *El payés y su mundo* (1952), en los que la casa típica del Ampurdán es la protagonista. Vaya por delante que, de estas páginas, se deduce que para los ampurdaneses en general y Josep Pla en particular, la masía es el centro del mundo, de su mundo, que es el que cuenta. Para Pla es el universo de su infancia, luego enriquecido con viajes y actividades tan, digamos, cosmopolitas como hacer de espía en Marsella y Biarritz en favor de los franquistas y de Francesc Cambó. Todo ello, sin olvidar su relación con Adi Enberg, una nórdica que aportaba el elemento internacional al entorno privado del escritor. Como se ve, un payés tan poco habitual como su obra, en la que, en la estela de Azorín y Gabriel Miró, eleva a lo universal las cuestiones locales e incluso domésticas, haciendo literatura de todo lo que le rodea. Un panorama que confirma la descripción que hace de sí mismo como «un puro y simple payés, un rústico sofisticado por la cultura de nuestros días».

Para Pla las masías son importantes no sólo desde el punto de vista rural, sino porque, afirma rotundo, vertebran la sociedad y de ellas «sale y saldrá la mejor sangre del país». Pla sitúa a las masías en el origen de la cultura y de la sociedad catalana, citando al muy ruralista obispo de Vic, Torras i Bages, quien insistía en que en estas construcciones estaba el origen del país. Es la idea de la masía como símbolo y origen de una Cataluña profunda, campesina, que algunos, también Josep Pla, consideraban eterna.

En su descripción de estas casas, Pla nos dice que la masía es «despejada, de piedra, madura, con un tejado de frontón triangular. Bajo el alero hay una sucesión de minúsculos arcos que parecen piñones alineados. Sin embargo, el triángulo del frontón no es regular. El borde de la derecha es un poco más bajo que el alero de la izquierda. Esta irregularidad le confiere al bloque de piedra una gracia deliciosa. Paralelo a la verticalidad de la casa que la luz de la tarde estremece en un latido caliente, de un rojo impreciso, se alza un viejo ciprés solitario y esbelto».

Aunque ciertamente la arquitectura descrita no es el *mas* Pla, pues ni tiene arquitos ni el triángulo del frontón es irregular, no deja de recordar en algunos aspectos a la casa de Llofriu. En especial esa piedra a la que el tiempo ha madurado —alude a unos significativos cuatro siglos— o la presencia del esencial ciprés delante de la casa, signo de hospitalidad según la tradición. Tampoco se pueden ver ya los restos de paja, ni se distingue la era, ni hay rastros de cultivo de la alfalfa. Pero en cambio la masía sí es «útil, bella y elegante». Su contemplación le produce «una fascinación acogedora de reposos y calma», pues alrededor de las masías suele «haber siempre un gran silencio».

A los anónimos arquitectos de las masías, siempre orientadas al mediodía y sin duda un tipo de construcción que sigue un diseño consolidado, les considera sencillos y de buen gusto. Pero también alude a la funcionalidad de la casa, pues su asentamiento no obedece a ningún capricho; está justificado por razones de utilidad, generalmente diversa.

La masía es inseparable del paisaje, de la que Pla llama una «geografía bautizada», determinada por una topografía antiquísima. En el Ampurdán todo lleva un nombre, lo que no impide que el paisaje varíe porque es, según Pla, «una construcción sucesiva», es decir, una continuación de cultivos alrededor de una masía, centro esencial, que permanece inalterada. Ese es el mundo, campesino y tradicional, de Josep Pla que se aprecia desde Llofriu, aunque siempre, más allá, se adivine que se encuentra el mar, el otro universo del escritor.

Lancelot del Atlántico

LANZAROTE. Se diría que surgió del océano para que la escribiera Agustín Espinosa, un catedrático de instituto, delgado y surrealista como la época, destinado en la isla en 1929. Antes estuvo el Lanzarote fundacional, el que se encontró Lanceloto Malocello, genovés y marino, que puso a la isla en el mapa, la bautizó con su nombre y, luego, la olvidó. Después llegaron las naves de Juan de Bethencourt, un bretón que lleva la isla a la historia de Castilla. Por fin, siglos más tardes, tras aparecer un nuevo paisaje surgido de la ceniza y la lava, es el momento del Lanzarote de la modernidad.

Es el creado por *Lancelot 28º-7'*, el canto isleño de Agustín Espinosa en un libro que es una geografía poética de la isla, vista a modo de sobrevuelo, con deconstrucción cubista y voluntad simultaneista. Su esencia, según nos dice Espinosa, la proporciona la superposición del viento casi azul, el camello, la palmera y la arquitectura popular de formas cúbicas. A ello se unen la figura de ese Lanceloto legendario, trasposición a los navegantes del caballero medieval, y la omnipresencia del Atlántico/Atlante, para formar la que llama mitología conductora de una isla que tiene forma de león marino venido de América y que parece querer saltar a África. Sin olvidar que tiene algo de paisaje bíblico, de un Oriente popular de casas blancas rodeadas de palmeras por las que cruzaban algunos camellos, como el marco de un Nacimiento viviente.

Algo queda de ello, sobre todo el viento, aunque han llegado los cactus, que hubieran hecho de Lanzarote la isla de Julio González y el arte de vanguardia. Ha sido César Manrique quien, haciendo de Burle Marx entre la lava, ha creado en medio del Atlántico un jardín de cactus que es un jardín de la geometría, como proclaman sus puertas de diseño magnífico con cactus metálicos calados como un gran broche medieval, que avisan de lo que hay dentro. Es el Lanzarote moldeado por César Manrique por medio de un *land art* total, realizado durante años, que sucede a Agustín Espinosa en la imaginación y creación de su espacio. Un Lanzarote que ahora es contemporáneo en la pintura de línea clara de Greta Chicheri.

Lanzarote de las pitas y las palmeras, de la arquitectura de formas geométricas, popular y racionalista, de muros blancos y puertas verdes sobre lava negra. Todo parece hecho para pintar el verde de las plantas geométricas que surgen del marrón grisáceo y tiznado de las cenizas, o el paisaje de volcanes apagados y alineados que, como atalayas oscuras, crean con el cielo azul de fondo formas abstractas redondeadas, como si fuera un gigantesco Motherwell con más materia que pintura.

Es la isla de la Naturaleza más vanguardista. La de las esbeltas palmeras y pitas, de los esculturales cactus que tienen mucho de indigenismo y modernidad. Pero también de la calidad estética que reclamaba Eduardo Westerdahl desde las páginas de *La Gaceta de Arte* en el vecino Tenerife de los treinta. Formas verdes y ancestrales salidas de las pinturas canarias de Jorge Oramas y Santiago Santana, que contrastan con los campos de ceniza y lava de color cambiante, a veces negros, a veces marrones, a los que el sol de la tarde da irisaciones anaranjadas y rojizas, en los que resalta una palmera solitaria, y en los que crece el suave verdor aislado de algunas matas. Son campos de ese barro de fuego negro y formas imprecisas, como si fueran el resultado de un gigantesco *dripping* pétreo, en los que brota, cercada por finas líneas de piedras blancas, la dulce malvasía, quizás la uva de nombre más literario.

Lanzarote de aire colonial. El Caribe en Teguise. Aquí, rematando el volcán Guanapay, destaca el castillo de Santa Bárbara, el primero de los construidos. Desde lejos, rotunda y sólida, casi metafísica, parece la fortaleza Bastiani a la que Dino Buzatti envió al teniente Giovanni Drogo para esperar a los tártaros que nunca llegaron. Teguise es la historia: primera ciudad fundada en Lanzarote, que conserva el aire de capital que fue durante siglos, y quizás el lugar más americano de la isla. En ella todo parece colonial, Nuevo Mundo; un aire al que contribuyen un caserío ancestral, blanco y atlántico, las dos iglesias y el convento, un gran caserón que canta el poder de la institución. Tiene Teguise un aire a reducción jesuítica que perdura tras ceder la capitalidad a Arrecife, cuando llegó el vapor y desapareció el miedo a los piratas. Aquí cuadra aquello, ya tan manido, de antesala de las Américas.

La capital, Arrecife, puerto entre África y América, sosegado y provincial, es como un cruce entre Huelva y La Habana con algo de Dákar. Está tan abierta al mar que su Plaza Mayor es un pequeño golfo al que llaman El Charco. En Arrecife todo está cerca. La iglesia de San Ginés, de fachada blanca y resonancias madrileñas, domina en una placita recogida y con buena librería, que es un adelanto de Cuba o Puerto Rico. Luego, poco más: el castillo que guarda el puerto y el caserío modernista que recuerda su pasado reciente.

Nadie ha contado mejor Arrecife que quien fue director de su primer instituto de enseñanza media a finales de los años veinte, en el citado y originalísimo *Lancelot 28º-7'*. Fue Agustín Espinosa –escritor de las vanguardias tan cercano a Ernesto Giménez Caballero y el mundo de *La Gaceta Literaria*, como a Eduardo Westerdahl– un fugaz residente en la ciudad que, sin embargo, no le impidió describirla definitivamente desde su habitación del Hotel Oriental –un nombre que amplía las referencias– donde escribió su *Lancelot*. Primero nos dijo que la ciudad era «pensión de veleros» y «oasis del océano»; luego, y todavía mejor, la tituló «oficina de África» o «diccionario de jarchas». Todo eso era, y algo sigue siendo, Arrecife, la de la triple equidistancia continental.

Lanzarote de las pitas. Entre Teguise y Haría dominan, sobre otras plantas con vocación de supervivencia, las pitas. Esbeltas, airosas y vetustas, a veces inclinadas, se suceden por las laderas mientras se asciende hacia un cielo inmaculado y azul.

Lanzarote como Finisterre. Primero, Femés, en lo alto. Son cuatro casas, cúbicas y blancas, agrupadas alrededor de una sólida iglesia entre ermita levantina y templo colonial. A su lado, un cementerio recoleto de fachada blanca con palmeras en los extremos, que parece una pintura primitiva. Frente a la iglesia, una terraza excepcional, balcón sobre América batido por el viento, desde donde se puede ver el fin de la isla, que durante tiempo fue también el fin del mundo. Un mirador que tiene mucho del Sagres de Enrique el Navegante y del Finisterre romano y galaico, donde el viento atlántico azota a quien se acerca, avisando de que, más allá del horizonte, todo es un espejismo, todo es bruma.

Sólo le adelanta El Golfo, en el que todo es mar, translúcido y claro, que cierra la isla por un extremo. Pueblo de pescadores, de casas pequeñas como dados blancos y verdes. A su lado, Las Salinas de Janubio, un topónimo que parece un microrrelato, más literario aún que el de Puerto Real de Janubio, su antecesor hasta la erupción de Timanfaya que cambió la isla. No sorprende que Agustín Espinosa dedicara un capítulo de su *Lancelot 28º-7'* a este extraño paisaje salinero, formado por un enorme damero irregular abierto al océano. Aquí se unen los elementos de Lanzarote: agua, sal, ceniza y luz.

Un Lanzarote serrano en Haria. Afortunada síntesis atlántica de los tres continentes, entre montañas y palmerales, que mira al norte. Haria, donde se hacen realidad los colores del que podía ser el estandarte de Lanzarote: blanco de la arquitectura, negro del suelo y verde de las palmeras.

Una ciudad: Yaiza. Solitaria y señorial, de plaza colonial con una pequeña iglesia de piedra volcánica y negra que contrasta con el caserío y el palmeral. A veces se encuentra un guiño tan atlántico como americano gracias a esas casas de buen tamaño y bonitas rejas oxidadas, entre modernistas y *déco,* con jardines abandonados donde languidece alguna pita. Hay en el silencio del tibio enero de Yaiza, que sólo rompe el viento, y en el abandono de algunas de sus casas principales, un aliento decadente que con la soledad de la tarde y el blanco de los muros, se vuelve metafísico.

Una isla al lado de la isla: La Graciosa, isla de piratas, de arena y volcanes. Más cerca de África que de América, es como El Aaiún, insular y recreado, que espera a otro Juan de Bethencourt. Los volcanes que dominan, la playa interminable que festonea la isla, la arena y el viento, la soledad y la luz, tienen algo de telúrico, de paisaje geológico, que parece esperar la aparición de un enorme saurio de película de serie B. Todo ello, y los camellos a los que ahora han sustituido unos pocos coches, atrapó a Ignacio Aldecoa, quien estuvo por aquí, escribió algo y regresó a menudo. Todavía en Caleta de Sebo, el embarcadero de vocación sahariana, sobrevive Casa Enriqueta, pensión de buena y merecida fama.

Si la isla es La Graciosa, su vecina, aún más pequeña, es Alegranza. Dos topónimos optimistas del minúsculo archipiélago Chinijo.

Lanzarote. Por encima de todo, el peso del océano inmenso, la presencia obsesiva del Atlántico/Atlante, en cuyo horizonte, azul y misterioso, se eleva el humo de un viejo paquebote.

ÍNDICE

Explorador de bulevares
de FERNANDO CASTILLO
se terminó de imprimir el
14 de mayo de
2024